사임당을 그리다

內室
내실에서 꿈을 찾은 예술가

師任堂

사임당을 그리다

정항교 편저

생각정거장

사임당 찬가

고운 모습 흰 백합에 비기오리까
맑은 지혜 가을 달에 비기오리까
사임당 그 이름 귀하신 이름
뛰어난 학문 예술 높은 덕을 갖추신 이여
율곡 선생 어머님만이오리까
역사 위에 길이 사실 겨레의 어머니외다

이은상

멀리 계신 사임당 님께

노곤하고 따사로운 햇살, 심장 간질이는 바람, 먼 데 이야기를 몰고 와 처연하게 풀어 놓는 파도, 중중히 펼쳐진 산, 강릉입니다. 향이 맑은 연꽃과 제 방에서 부끄러운 듯 얼굴을 살금살금 내밀고 있는 연밥을 톡 건드려 보며, 500년 전 이곳 강릉 오죽헌烏竹軒 고향에서 어린 시절을 보내셨을 당신께 편지를 씁니다.

호기심 가득한 눈으로 텃밭에 심어진 식물들과 재재거리며 대화를 나누는 작은 아이가 있습니다. 뭐가 그리 좋은지 깔깔대기도 하며 나풀거리는 노랑나비를 따라다니기도 합니다. 이렇게 예쁜 풍경 안에 당신이 있습니다.

누구나 어릴 적 기억 몇 가지씩은 가지고 살아갑니다. 하지만 마당을 폴폴 날아다니는 나비를 쫓아다녔던 일을 기억해 내지는 않을 겁니다. 사소한 일상에 지나지 않으니까요. 하지만 어린 시절을 이곳에서 보내며 예술적 감수성을 한 뼘씩 늘렸을 당신을 그려 보는 것은 그리 어색한 일이 아닐 테지요.

어린 모습이긴 하지만 오래 전 역사 인물을 만난다는 것은 참으로 가슴 설레는 일입니다. 여러 방면으로 뛰어났다는 당신은 여전히 역사로 남아 있습니다. 그림에서, 글씨에서, 자수에서, 시에서, 심지어 화폐에서까지 우리는 당신을 봅니다. 최고의 여류 예술인, 훌륭한 어머니, 어진 아내, 효성스런 딸, 겨레의 어머니 등 당신에 대한 다양한 수식어는 관용구가 되다시피 했습니다. 그래서인지 당신은 무엇 하나도 소홀히 하는 일이 없었을 것 같습니다.

우리는 단아하고 기품 있는 당신을 상상합니다. 가지런히 정돈된 방, 그 한가운데 놓인 서안書案 앞에 곧추 앉아 책장을 넘기고 있는 모습, 온돌방 바닥에 화지畵紙를 펼쳐 놓고 대나무 줄기를 비백飛白으로 뻗쳐 올리거나 나른해 보이는 매화 꽃잎에 툭툭 농묵濃墨을 쳐 생기를 넣어 주는 모습 등 머릿속에 잔상처럼 남아 있는 이런 광경 속의 당신은 마치 잘 그려진 정물 같은 모습입니다.

하지만 오늘은 사소한 것에도 감정 표현을 하는 당신을 그려 보고 싶습니다. 여느 사람들과 같이 가끔 실수도 하고 일이 잘 풀리지 않으면 짜증도 내는, 그런 인간적인 모습 말입니다.

당신에 대한 기록은 그리 많지 않습니다. 내용 역시 굉장히 단편적입니다. 출판이 남성들의 몫이었던 조선시대를 살았던 때문이겠지요. 당신이 태어난 지 500년이 넘은 이 시점에도 셋째 아들 율곡이 남긴 기록이나 선비들이 남긴 쪽글에서 당신의 총명예지聰明叡智를 읽을 뿐입니다. 비록 짧은 기록들이긴 하나 여자는 길쌈하고 바느질 잘하면 그만인 여자에겐 그야말로 질곡桎梏의 시대였음에도 불구하고 당신은 삶에 충실하면서도 잠재 능력을 최대한 발휘한 분이라는 것을 충분히 짐작할 수 있습니다.

누구나 자신의 존재를 문학이나 미술 작품으로써 드러내지는 않습니다. 재능의 문제이기도 하겠지만 삶을 관조하는 형편에 따른 것이기도 하겠지요.

당신은 어머니를 염려하는 마음이 그대로 전해지는 시를 지었습니다. 나비를 쫓아 놀던 어린 소녀가 첩첩한 삶의 무게를 노래하기 시작한 것입니다. 이 시에는 이른 봄, 비껴든 오후의 햇살로 데워진 담벼락에 아픈 동생을 세워 두고 온 누나가 금방 가마던 약속을 지키지 못해 가슴 졸이던 안타까움과 비슷한 감정이 녹아 있습니다. 가족에 대한 그리움과 애틋함은 우리 모두의 가슴에 켜켜이 쌓여 있는 사랑의 깊이여서 쉽게 공감하게 됩니다.

또한 당신은 필선이 유려한 포도 그림과 오종종한 텃밭의 풍경 그림, 나아가 간정한 필획을 구사한 글씨까지, 다양한 방법으로 자신을 표현했습니다. 이렇듯 자신의 존재를 체현體現한 작품들 때문에 우리는 당신을 자신의 재능을 스스로 갈고 닦은 최고의 여류 예술인이라고 당당하게 부를 수 있습니다. 당신을 누구의 어머니, 아무개의 아내가 아닌 의미 깊은 사임당師任堂이라는 호로 부를 수 있어서 참으로 좋습니다. 남성에 기댄 이름이 아닌 독자적인 존재로서의 이름이니까요. 그래서 자꾸 아름다운 당신의 호를 부르게 됩니다.

500년 전의 하늘이 지금의 하늘이 아니고, 그때의 바람이 지금의 바람은 아닙니다. 그러나 우리는 당신을 기억하고 또 이야기합니다. 물리적인 역사의 시간, 그 시간의 간극을 모르는 바 아니나 오죽헌이라는 공간에서 우리가 공유할 어떤 것이 분명 있으리라는 믿음 때문입니다.

존재 이유를 넉넉히 지녔지만 누구의 관심도 받지 못하는 사소한 것들과 공감하고 그것을 어여쁘게 볼 나이가 되고 보니 작은 것에 대한 관심이 다시 살아납니다. 그래서인지 이곳 오죽헌에서는 당신의 손길 하나, 말간 웃음 한 자락, 그리고 아이를 어르는 듯한 따뜻한 미소 등 여러 가지의 모습을 그려 볼 수 있습니다.

오늘도 오죽헌은 사람들로 북적입니다. 예전과 달리 좀 복합적인 공간이 되긴 했지만 당신의 흔적을 만지며 당신께 말을 건네고 싶어

하는 사람들이 여전히 찾아옵니다. 그들이 무어라 말하는지 당신은 듣고 계시겠죠?

참, 당신이 그토록 사랑하던 셋째 아들 율곡은 지금 부용성芙蓉星에 계십니다. 당신의 가르침에 힘입어 조선 성리학을 꽃피운 동방공자東邦孔子로, 학문을 성취한 대학자로, 나라와 백성을 위해 평생을 몸 바친 구국위민救國爲民의 경세가經世家로, 꽃다운 이름을 후세에 남기고 그곳으로 가셨습니다. 별빛으로 수놓은 다리를 오가며 그동안 못다 나눈 정 정겹게 나누시고, 소녀 시절 아름다운 꿈을 키우던 정든 고향 강릉이 새롭게 거듭날 수 있도록 격려의 메시지도 보내 주시기 바랍니다.

오늘따라 더 높아 보이는 파란 하늘, 고추잠자리 어깨 위로 살랑거리는 바람이 더욱 살갑게 느껴집니다. 이따금 밤하늘을 수놓은 이름 모를 뭇 별들을 쳐다봅니다만 언제 바라봐도 당신이 계시는 별은 유난히 반짝입니다. 그래서 쉽게 찾을 수 있답니다. 우리는 그 별을 사임성師任星이라 부른답니다.

오늘 당황스러울 정도로 느닷없이 당신에게 편지를 쓴 까닭은《사임당을 그리다》라는 글제로 감히 당신에 관한 이야기를 멋대로 풀어 놓은 데 대하여 양해의 말씀을 드리려 함입니다. 물론 나무라지는 않으시겠지만 그렇다고 칭찬하지도 않으시리라 봅니다.

그러나 언젠가, 누군가는 반드시 해야 할 일이기에 비재非才함을 무릅쓰고 어쭙잖게 용기를 내 보았습니다. 어느덧 청량한 가을 밤하늘에서 닭 벼슬처럼 토실하게 살찐 맨드라미 머리 위로 별빛이 쏟아집니다. 날마다 행복한 꿈 듬뿍 꾸시고 찾아뵙는 그날까지 안녕히 계십시오.

정항교 올림

차례

제1부
—
예술가 사임당

제3장   시인 사임당

제2부

—

어머니 사임당

제1장   그 어머니에 그 아들, 율곡 이이

제1부

예술가 사임당

제1장

사임당의 참모습

　예로부터 인물을 평가할 때 도덕이 온전하고 재주가 갖추어진 사람을 일컬어 군자라 했다. "여자라도 덕이 이미 온전히 갖추어졌고 재주 또한 통하지 않음이 없다고 하면 어찌 여자라 하여 군자라 일컫지 못하겠는가! 사임당은 여자 중의 군자라 일컬어도 손색이 없을 것이다." 바로 강릉부사와 영의정을 지낸 정호鄭澔가 한 말이다.

　고려 충신 정몽주의 어머니 이씨, 한글을 만든 세종대왕의 어머니 민씨, 조선 성리학의 태두 이황의 어머니 박씨, 임진왜란 때 나라를 구한 이순신 장군의 어머니 변씨 등 우리 역사상 훌륭하고 자랑스러운 여성이 수없이 많지만 그래도 오늘날까지 우리 가슴속에 영원히 살아 있는 한 여성을 꼽으라면 우리는 율곡栗谷 이이李珥의 어머니 신사임당申師任堂을 내세울 것이다. 지금까지 많이 알려진 여성들의 경우는 대개 한두 가지 분야에만 뛰어난 사람들이었지만 사임당은 어느 한 분야가 아닌 여러 방면에 걸쳐 골고루 뛰어난 분이었다.

사임당은 지극한 효녀요, 어진 아내요, 7남매의 훌륭한 어머니인데다가 학문이 깊고, 시문에 뛰어난 여류 문인으로서 글씨와 그림, 바느질과 자수에 이르기까지 정묘하지 않은 분야가 없었다. 그러나 제아무리 뛰어난 재주를 지녔다 할지라도 인격과 덕을 갖추지 못했다면 그것은 한낱 재주꾼에 지나지 않았을 것이나 사임당은 인격도 뛰어났고, 덕 또한 높은 분이었다. 당시는 여자가 길쌈하고 바느질 잘하면 그만이었던 시절이었다. 그러나 사임당은 여성에게 씌워진 그 많은 모진 조건을 모두 이겨 내고 자신이 지니고 있던 잠재 능력을 최대한 발휘했다.

허균許筠은 사임당을 일러 '부덕을 고루 갖춘 분'이라 했고, 정호는 '도와 덕이 온전하고 재주가 갖추어진 여중군자'라 했다. 또 판돈녕부사 송상기宋相琦는 '정숙한 덕과 아름다운 행실은 부녀계의 으뜸'이라 했으며, 형조판서 신석우申錫愚는 '여류 선비'라고까지 했다. 이은상은 '중국 역사상 글씨와 그림으로 이름을 떨쳤던 여성들도 한두 가지에만 능했으나 종합적인 전인여성으로 시와 그림, 그리고 글씨, 자수에 이르기까지 모두가 신묘한 경지에 도달한 사람은 사임당뿐'이라 했다.

우리는 흔히 사임당을 현모양처賢母良妻라 하는데, 사실 나를 낳아 길러 주신 어머니, 나의 아버지를 낳아 길러 주신 할머니, 나의 어머니를 낳아 길러 주신 외할머니가 모두 현모양처이다. '양처良妻'라는 말은 《사기史記》에 "나라가 어지러우면 어진 신하가 생각나고[國難則思良臣] 집안이 가난하면 어진 아내가 생각난다[家貧則思良妻]"는 데에서 유래되었다. 그래서 어렵고 가난한 시기에 우리를 낳아 기른 어머니, 할머니, 외할머니 모두가 양처이다. 사임당은 양처이면서 자신의 재능을 스스로 개발하여 자아를 실현한 21세기 여성, 시와 그림 속에서도 어머니를 그린 효성스러운 여성, 남편을 입신양명케 한 어진 아내, 백대의 스승 율곡은 물론 7남매를 태교로 키운 훌륭한 어머니, 글씨·그림·자수 등 정묘한 예술세계를 개척한 우리 역사상 최고의 여류 예술인, 근검절약을 몸소 실천한 참된 살림꾼이었다. 이 모든 것이 바로 사임당의 참모습이라 할 수 있다.

훌륭한 부모와 조상님들

조선 초기 대학자이자 이름난 문신이었던 서거정徐居正은 "우리나라에는 경치가 뛰어난 곳이 많은데 그중 관동關東이 첫째이고, 관동에서도 강릉이 으뜸이며, 강릉에서도 경포대鏡浦臺, 한송정寒松亭이 제일"이라고 했다. 오늘날 강릉을 '제일강릉第一江陵'이라 부르게 된 까닭도 여기에서 비롯되었다.

사임당은 1504년 이와 같이 아름다운 경포대 근처 호숫가 강릉 북평촌, 지금의 오죽헌에서 태어나 1551년 서울에서 48세의 일기로 세상을 떠났다. 때는 조선 전기라 여성은 이름을 갖지 않았기 때문에 사임당도 이름이 없었고, 다만 자신이 지은 '사임당師任堂'이라는 호號만 전하고 있다.

사임당의 본관은 평산平山인데 지금의 황해도 평산군이다. 아버지는 진사 신명화申命和로 학문과 덕이 높았고, 어머니는 역시 학문이 높았던 생원 이사온李思溫의 따님 용인이씨로 조선 중종 임금 때 효부로 정려旌閭를 받은 부덕婦德이 높은 분이었다. 율곡은 외할머니인 용인이씨의 묘지명에서 "아름다운 규수여, 얌전하고 유순한 그 자태여, 가정의 교훈 이어받으니 그 집안이 매우 화목하도다"라고 찬미하였다.

사임당은 딸만 다섯을 둔 집안에 둘째 딸로 태어났다. 나면서부터 인물이 고운 데다 품성이 뛰어나 부모로부터 각별한 사랑을 받고 자랐다. 뿐만 아니라 총명하고 재주가 남달리 뛰어나, 여자로서 갖추어야 할 도리는 물론 바느질이나 자수, 글씨와 그림, 학문과 예술에 이르기까지 눈부신 천재적 소질을 발휘하였다. 이는 물론 사임당의 타고난 자질 덕분이기도 하겠으나, 무엇보다 예의범절이 뛰어난 어머니 이씨와 학문이 높았던 아버지 신명화의 지극한 자녀 교육의 영향 때문이었다.

사임당의 고조할아버지는 세종 임금 때 좌의정을 지낸 문희공 신개申槩이며, 증조할아버지는 성균관 대사성을 지낸 신자승申自繩이고, 할아버지는 신숙권申叔權으로 영월군수 재임시 매죽루梅竹樓를 지었는

데 훗날 단종 임금이 유배시절 이 매죽루에 올라 자규시子規詩를 짓고
부터 자규루子規樓라 불리고 있다. 사임당의 할머니는 남양홍씨이며,
외할머니는 강릉최씨로 중종 임금 때 사헌부대사헌과 형조참판을 지
낸 강릉의 문벌 최응현崔應賢의 따님이다.

김은호, 〈사임당 영정〉, 오죽헌시립박물관

사임당의 가계도

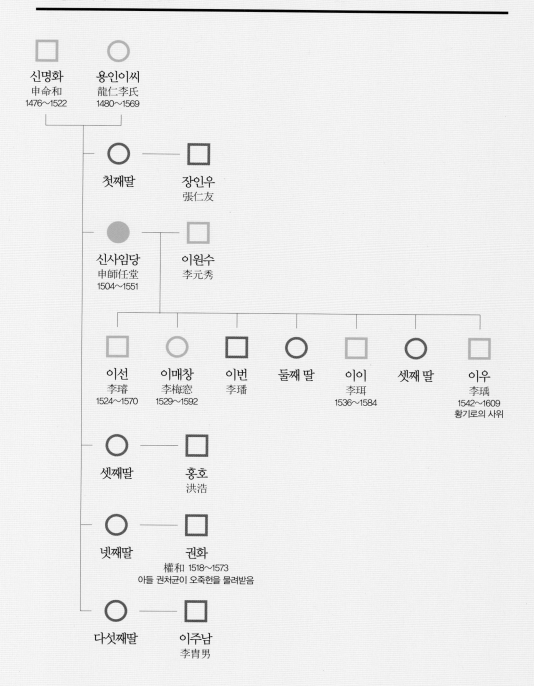

신명화
申命和
1476~1522

용인이씨
龍仁李氏
1480~1569

첫째딸

장인우
張仁友

신사임당
申師任堂
1504~1551

이원수
李元秀

이선
李璿
1524~1570

이매창
李梅窓
1529~1592

이번
李璠

둘째 딸

이이
李珥
1536~1584

셋째 딸

이우
李瑀
1542~1609
황기로의 사위

셋째딸

홍호
洪浩

넷째딸

권화
權和 1518~1573
아들 권처균이 오죽헌을 물려받음

다섯째딸

이주남
李胄男

스스로 지은 호 '사임당'

남자들이 제 이름을 가졌던 것과는 달리 옛날 부인들은 오늘날같이 자기 고유의 이름을 갖지 못했다. 사임당 역시 자신의 고유 이름을 갖지 못하고 다만 호를 지어 불렀다. 간혹 사임당의 이름을 '인선宣善'이라 밝혀 놓은 곳도 있으나 이는 후세에 붙여진 이름으로 근거가 없다. 율곡도 〈어머니 행장〉에서 '어머니의 휘諱는 모某'라고만 밝혀 놓았다. '모'란 어머니 이름을 밝히기를 꺼린 것이 아니라 이름이 없다는 뜻이다.

'사임당'이라는 당호堂號는 여성의 정체성을 한마디로 표현한 것으로 자신이 직접 지은 것이었다. '사師'는 스승이니 본받는다는 뜻이고, '임任'은 중국 주周나라 문왕文王의 어머니 '태임太任'의 '임任'자에서 따온 것이다. 태임은 현숙賢淑하고 엄격하였으며, 의리에 밝고 자비로웠다. 뿐만 아니라 성품이 올곧고 행실이 단정하여 한결같이 여자가 지켜야 할 법도로 몸가짐을 단속하였다. 무엇보다 태임은 우리 인류사 최초로 '태교胎敎'를 실시한 여성으로 알려져 있다.

당시 태임은 임신을 한 열 달 동안 "눈으로는 예법에 어긋나는 것은 보지 않았고[非禮勿視], 귀로는 예법에 어긋나는 것은 듣지 않았고[非禮勿聽], 입으로는 예법에 어긋나는 것은 말하지 않았으며[非禮勿言], 행실로는 예법에 어긋나는 것은 행하지 않았다[非禮勿動]"고 했다. 결국 태임은 이 같은 태교로 중국 고대 주 왕조의 기초를 닦아 나라를 부흥시켜 성군으로 칭송받고 있는 문왕을 낳았다. 문왕은 탁월한 정치적 재능과 위대한 공적으로 주나라 역사상 특별하고 숭고한 지위를 차지한 으뜸 임금으로 후세 사람들에게 큰 존경을 받았다. 아들 무왕 武王도 부왕에 이어 명군名君으로 이름을 떨쳤으며, 후세 유가儒家로부터 이상적인 성천자聖天子로 숭앙을 받았는데 문왕과 무왕의 덕을 기리는 시가 《시경詩經》에 수록되어 있다.

《중국고대사기中國古代史記》에 의하면 태임의 태교 방법은 옥판 玉板에 새겨 금으로 만든 상자에 넣어 종묘宗廟에 보관하고 후세 교육의 지침이 되도록 하였다. 뱃속에 있는 아기가 태어난 뒤 어진 사람이 되도록 하기 위해서는 언제나 마음을 온화하고 몸가짐을 바르게 가지며, 좋은 것만 보고, 좋은 것만 듣고, 좋은 말만 하고, 좋은 행동만 해야 한다는 뜻에서 태교라는 말이 비롯되었다.

사임당 또한 문왕의 어머니같이 훌륭한 분을 사모하고 본받는다는 뜻에서 '태임'이란 이름에서 '임'자를 따고, 그 앞에 사모하고 본받고 싶다는 뜻을 지닌 '사師'자를 붙여 '사임師任'이란 호를 지어 불렀던 것이다. 특히 사임당은 중국 한나라 성제成帝때 유향劉向이 지은 《열녀전列女傳》을 읽고 그 영향을 크게 받았다. 《열녀전》은 중국 요순 임금으로부터 한 이전까지 남편과 자식을 입신양명시키고 국가 발전에 큰 공헌을 한 여성들의 훌륭한 행적을 선양한 여성 필독서로, 모의母儀, 현명賢明, 인지仁智, 정순貞順, 절의節義, 변통辯通으로 나누어져 있다.

결국 사임당은 문왕의 어머니 태임이 창안한 태교를 실천하여 후일 조선 성리학을 꽃피운 철학자이자 정치가요, 문학가이자 교육가로 우리나라 역사상 큰 업적을 남긴 율곡 이이를 비롯하여 어머니 사임당의 학문, 예술적 재능을 그대로 이어받은 큰딸 매창梅窓과 막내 옥산玉山 이우李瑀를 낳았다.

허균은 "율곡 선생의 모친은 신씨였는데 성품이 차분하고 강직하였으며, 글도 잘 쓰고 그림에도 소질이 있었다. 여자로서의 규범이 매우 엄하여 언제나 여자가 지켜야 할 법칙으로 몸을 단속하였으니, 율곡선생의 학문은 바로 어머니 사임당의 태교에서 얻어진 것이다[栗谷先生母 卽申氏少女 性貞靜剛方 能文且解丹靑 閨範甚嚴 動以律身 先生之學 得於胎敎者爲多]"라고 하였다.

율곡은 훗날 이르기를, 어머니께서 실시한 "예가 아니면 보지 말고, 예가 아니면 듣지 말고, 예가 아니면 말하지 말고, 예가 아니면 행동하지 말라"는 네 가지 태교법은 여성에게만 해당하는 것이 아니라 선비가 몸을 닦는 데에도 필수 덕목이라고 했다.

지혜로운 아내 *

사임당은 19세에 서울의 덕수이씨 이원수李元秀에게 시집을 갔으나 남편은 여러 면에서 부인만 못했다고 한다. 사임당은 일찍이 유교 경전과 《사기》, 그 밖에 성현의 글을 많이 읽어 교양과 학식이 여느 남자보다 훨씬 뛰어났다. 그래서 시집을 가서도 남편을 가르쳐 주는 입

---

* 다음 두 이야기는 이은상의 《사임당과 율곡》에서 발췌하였다.

장이었다. 이원수는 학문에는 그다지 조예가 깊지 못했지만 천성이 너그럽고, 차림새에 욕심이 없었다.

사임당이 시집을 간 뒤 남편과 함께 친정인 북평촌에 살 때의 일이다. 사임당은 어느 날 남편을 불러 놓고, 마주 앉아 진지한 자세로 이야기를 나누었다.

"남자로 이 세상에 태어나 그럭저럭 한세상 살다 죽으면 무슨 의미가 있겠습니까? 모름지기 남자는 학문을 닦아 세상에서 필요로 하는 사람이 되어야 한다고 생각합니다. 그러니 지금부터 우리 10년 동안 떨어져 있는 것이 어떻겠습니까? 당신이 10년 동안 학문을 닦은 뒤에 그때 다시 만나면 되지 않겠습니까? 우리 약속을 합시다."

그러자 남편도 마음이 움직였다. 남편을 큰 인물이 되게 하려는 사임당의 간절한 소망은 결국 '10년 동안 떨어져 살자'는 서로의 약속으로 이어졌던 것이다. 남편은 부득이 서울을 향해 떠날 수밖에 없었다.

"부디 가서서 10년 동안 열심히 공부하여 크게 성공을 하고 돌아오십시오."

남편의 짐을 정성스레 싸 주며 말하는 사임당의 눈에 이슬이 맺혔다. 남편은 다음날 부인의 간곡한 말을 뒤로 하고 문 밖을 나섰다. 당시에는 험준한 대관령을 넘어야 서울로 갈 수 있었다. 그날 남편은 집에서 10여 리쯤 떨어진 대관령 아랫마을까지 갔다가 아내와는 도저히 떨어져 살 수 없을 것만 같아 해가 지기를 기다려 되돌아왔다.

서울로 떠났던 남편이 되돌아오자 사임당은 깜짝 놀라며, "무엇 때문에 되돌아왔습니까? 날이 밝거든 속히 떠나십시오"라고 냉정하게 대했다. 날이 밝자 남편은 다시 짐을 지고 길을 떠났다. 그런데 이번에는 지난번보다 조금 더 간 가마골까지 갔다 다시 돌아왔다.

그리고 셋째 날에는 가마골 위쪽 대관령 반정까지 갔다 되돌아왔다. 그러자 사임당의 실망은 이루 말할 수 없었다. 사임당은 단호한 어조로 말했다.

"대장부가 뜻을 세우고 10년을 기약하고 학문을 닦기 위해 길을 떠나 놓고는 사흘을 연달아 되돌아온다면 앞으로 무슨 큰일을 하겠습니까?"

사임당은 남편에 대한 기대가 물거품이 되는 것 같아 눈앞이 캄캄해졌다. 한참 생각에 잠겨 있는데 남편이 입을 열었다.

"여보, 학문도 학문이지만 당신 곁을 떠나서는 도저히 못살 것 같구려. 한두 해도 아니고 10년이란 세월을 어떻게 떨어져 산단 말이오?"

사임당은 남편이 성격도 나약한 데다 학문을 성취하겠다는 의지도 약하다는 것을 알고 이대로는 도저히 학문을 성취시킬 수 없겠다는 생각이 들었다. 사임당은 하는 수 없이 극단적인 방법을 동원했다. 사임당은 바느질 그릇에서 가위를 꺼내 들고 남편을 향해 말했다.

"만일 당신이 나약한 마음을 먹고 학문을 성취하겠다는 굳은 의지를 가지지 않는다면 이는 사람다운 사람이 되지 않겠다는 뜻으로 알겠습니다. 그리고 저도 이렇듯 희망이 없는 세상에서는 더 이상 살고 싶지 않습니다. 자결을 하든지, 아니면 머리를 깎고 산으로 들어가 중이 되겠습니다.”

아내의 청천벽력 같은 말을 들은 남편은 소스라치게 놀라며 눈을 번쩍 떴다. 남편은 그제서야 깊이 깨달은 듯 정신을 가다듬고 다시 부인과 약속을 하고 다음날 서울로 떠났다. 후에 이원수는 종5품 수운판관水運判官의 벼슬을 지냈다. 모두 사임당이 어진 아내로서의 도리를 다했기 때문이다.

이원수가 사임당과 10년 공부를 약속하고 서울에서 학문에 열중할 때의 일이다. 부인과 헤어진 지도 어느덧 3년이란 세월이 흘렀다. 어느 날 이원수는 불현듯 부인에게 한번 다녀와야겠다고 생각하고 길을 떠났다. 그 무렵 사임당은 지금의 평창군 봉평면 백옥포리라는 곳으로 옮겨 살았다. 남편은 서울을 떠나 대화라는 두메 산촌까지 왔으나 날이 저물어 도저히 더 갈 수가 없게 되자 하는 수 없이 가까운 주막에 들어가 하룻밤을 자고, 다음날 일찍 떠나기로 하였다.

그런데 밤이 깊어지자 예쁘게 단장한 주막집 색시가 술상을 차려 들고 방으로 들어왔다. 그러더니 색시는 공손히 술잔을 올린 다음 이원수를 향해 하룻밤 인연을 맺게 해 달라고 간곡히 청하는 것이 아닌가? 주막집 색시는 푸른 산, 맑은 물과 벗하며 살아가는 사람이라 그런지 마치 선녀처럼 아름다웠다. 이원수는 너무 황당해 어찌할 바를 몰랐다. 주막집 색시는 수줍어하면서도 은근히 사랑을 요구해 왔다.

그런데 때마침 3년 전 헤어질 때 오로지 남편을 위해 마음 쓰던 부인의 어진 모습이 떠올랐다. 이원수는 그제서야 정신을 차리고, 자세를 근엄하게 고친 후 부드럽게 타일러 색시의 간청을 물리쳤다. 하룻밤만 사랑을 나누자고 청했던 색시는 부끄러워하면서 밖으로 나갔다.

다음날 아침 이원수는 주막집을 떠나 봉평집에 이르러 그리던 사임당을 만났다. 10년 약속을 하고 떠났던 남편이 오자 사임당의 마음이 편할 리 없었다. 그러나 사임당은 그 자리에서 남편을 돌려보낼 수 없었다. 사임당은 어쩔 수 없이 남편을 맞이해 주었다. 며칠을 지낸 뒤 다시 서울로 올라가는 길에 이원수는 전날의 주막집 색시가 문득 생각이 나 그 길로 주막을 찾았다. 주막집 색시는 전과 같이 맞이하며, 또 술상을 차려 들고 왔다.

이원수는 지난번 간청을 들어 주지 못했던 사연을 말하면서 오늘 밤에는 그대의 청을 들어 주겠노라고 했다. 그러자 주막집 색시는 "저를 사랑스레 보아 주시는 것은 참으로 고마운 일이나 이제는 전과 같이 마음이 끌리지 아니합니다. 지난번에는 제가 남자의 품이 그리워 손님에게 안기고자 했던 것이 아닙니다. 그때 손님의 관상을 보니 귀한 아드님을 얻을 상이라 제가 그 아드님을 받아 볼 욕심으로 부끄러움을 무릅썼던 것입니다. 그러나 이제는 손님의 얼굴에 상서로운 기운이 사라지고 없습니다. 그 귀한 아드님은 부인께서 잉태하신 듯합니다"라고 자초지종을 말하였다.

그와 같은 일이 있은 지 꼭 열두 달 만에 사임당은 율곡을 낳았다.

애틋한 자식 사랑

사임당은 남편 이원수와의 사이에 4남 3녀를 두었다. 시집가던 해 아버지 신명화가 갑자기 세상을 떠나자 3년상을 마치고 스물한 살에 큰아들 선을 낳았고, 스물여섯 살에 큰딸 매창을 낳았으며, 둘째 아들 번과, 파평인 윤섭尹涉에게 시집간 둘째 딸 그리고 남양인 홍천우洪天祐에게 시집간 셋째 딸은 태어난 연도를 알 수 없다. 세른세 살에 율곡 이이를 낳았고, 서른아홉 살 때 막내아들 옥산 이우를 낳았다.

장남 선은 어려서부터 학문을 좋아하여 진사시에 합격하여 참봉 벼슬을 지냈고, 큰딸 매창은 학식과 지혜 그리고 인품이 훌륭하였다. 어머니를 닮아 시·서·화에 뛰어나 후세 사람들이 '작은 사임당'이라 부르기까지 했다. 율곡은 누님 매창을 지극히 따랐으며, 벼슬길에 있을 때 어려운 일이 있을 때마다 누님을 찾아가 묻고 또 배웠다.

둘째 아들 번은 전하는 기록이 없어 자세한 사항은 알 수 없으나 학식은 높았다고 한다. 둘째 딸은 황해도 황주로 시집갔다. 황주에 살았기 때문에 율곡이 황해도 관찰사로 갔을 때나 중국 사신을 맞이하는 원접사로 갔을 때 둘째 누님 댁에 자주 갔었다.

셋째 아들은 바로 겨레의 스승으로 불리는 율곡 이이이다. 율곡은 열세 살에 진사초시에 장원으로 합격한 이래 대소과大小科 과거시험에서 아홉 번을 장원하였다 하여 구도장원공九度壯元公으로 불리기도 하였다. 스물아홉 살에 과시에 장원으로 올라 호조좌랑 벼슬을 시작으로 내·외직을 두루 거치면서 이조, 호조, 병조, 공조 판서 등 육조 판서 가운데 사조 판서를 역임하였다. 율곡은 학자요, 정치가요, 문학가요, 교육가로서 모든 분야에 걸쳐 위대한 업적을 남겼으며, 문묘에 배향되었다.

셋째 딸은 홍천우에게 시집간 것밖에 알려진 것이 없다. 막내아들 옥산은 아들로는 유일하게 어머니의 예술적 자질을 물려받았다. 그는 시·서·화뿐만 아니라 거문고에도 조예가 깊어 거문고 악보인 금보琴譜를 짓기도 하였다. 과시에 올라 군자감정을 거쳐 괴산군수를 지내면서 선정을 베풀었으며, 형님 율곡과는 우애가 남달리 깊었다. 형님이 해주 석담에 집을 짓고 살 때 자주 술상을 차려 놓고 아우 옥산을 시켜 거문고를 타게 하기도 하고 시를 지으며 스스로 말하기를 '서로 잘 알아주는 친구와 같다'고 하였다. 율곡이 말하기를 '내 아우가 학문에 힘썼더라면 내가 미칠 바가 아니었을 것'이라 했다.

7남매를 둔 사임당은 어느 날 남편을 불러 놓고 "제가 몸이 약해 먼저 세상을 떠날 것 같으니 제가 죽은 뒤에 새장가를 들지 마십시오. 우리가 자식을 7남매나 두었으니 뭐 더 둘 필요가 있겠습니까? 그러니 우리가 낳은 자식을 훌륭히 키우는 것이 부모 된 도리가 아니겠습니까?"라고 정중히 부탁을 하였다. 사임당의 자녀 사랑은 이처럼 깊고 자상했다. 그러나 남편 이원수는 사임당이 죽자 권씨에게 새장가를 들었다. 율곡은 패악한 서모 권씨가 집안을 풍비박산으로 만들었으나 끝까지 인내하며 어머니로 깍듯이 모시자 마침내 서모 권씨도 이에 감화되어 가정을 화목하게 꾸려 나갔다고 한다.

《동계만록東溪漫錄》을 보면 사임당이 남편과 문답한 내용이 있는데 다음과 같다.

이원수　공자가 아내를 내보낸 것은 무슨 예법에 근거한 것이오?

사임당　공자가 노나라 소공 때에 난을 만나 제나라 이계라는
　　　　곳으로 피란을 갔었는데 그 부인이 공자의 가족을
　　　　따라가지 않고 바로 송나라로 갔기 때문이지요. 그러나
　　　　공자가 그 부인하고 다시 동거하지 아니했을 뿐이지
　　　　바로 내쫓았다는 기록은 없습니다.

이원수　증자가 부인을 내쫓은 것은 무슨 까닭이오?

사임당　증자의 부친이 찐 배를 좋아했는데 그 부인이 배를 잘못
　　　　쪄서 부모 봉양하는 도리에 어긋났기 때문에 내쫓은
　　　　것입니다. 그러나 증자도 한 번 혼인한 예의를 중히 여겨
　　　　다시 새장가는 들지 않았습니다.

이원수　주자의 집안 예법은 어떠했소?

사임당　주자 나이 47세에 부인 유씨가 죽고 맏아들 숙塾은
　　　　아직 장가를 들지 않아 집안 살림을 할 사람이 없었지만
　　　　주자는 다시 장가들지 않았습니다.

문답에서 보듯 사임당의 학문은 깊고 출중했으며, 7남매 자식을 위해서라면 남편에게도 충언을 아끼지 않았다.

사임당과 율곡이 태어난 집, 강릉 오죽헌

오죽헌을 언제, 누가 지었는지에 대해서는 확실한 기록이 전하지 않는다. 다만 연산군 때 대사헌과 형조참판을 지낸 최응현1428~1507의 집으로만 알려져 있는데, 당시 조산助山, 지금의 강릉시 대전동 즈므 마을에 살고 있던 최응현이 북평촌으로 이사 오기 전 이조참판을 지낸 부친 최치운崔致雲. 1390~1440이 지은 것으로 보고 있다.

최응현의 둘째 딸 강릉최씨가 용인이 본관인 이사온李思溫과 혼인을 하게 되자 최응현은 이 집을 둘째 사위인 이사온에게 물려주었다. 이때부터 북평촌 기와집은 이사온의 소유가 되었다. 그러니까 오죽헌 옛 집은 사임당의 외할아버지 이사온이 장인인 최응현에게 물려받은 것이다. 이사온과 강릉최씨 사이에 태어난 외동딸 용인이씨는 서울에 사는 신명화에게 시집을 갔다.

서울로 시집간 용인이씨는 시댁에서 살다 어느 날 친정어머니 강릉최씨의 병간호 차 내려왔다가 그 길로 계속 북평촌에 머무르게 되었다. 그 바람에 1504년 북평촌 기와집, 즉 지금의 오죽헌에서 사임당을 낳았던 것이다. 만약 이씨가 친정어머니의 병간호를 하다 서울 시댁으로 올라갔다면 사임당은 서울에서 태어났을 것이다. 그 뒤 용인이씨와의 사이에 딸만 다섯을 두고 신명화가 세상을 떠나자 이 집은 그대로 사임당의 어머니 이씨 소유가 되었다.

이씨는 다섯 딸에게 고루 재산을 나누어 주고, 또 두 외손에게도 별도의 재산을 나누어 주었는데 둘째 딸 사임당의 아들 율곡에게는 경기도 파주에 있는 선대 묘소를 돌보며 제사를 받들라는 조건으로 서울 수진방, 지금의 청진동에 있는 기와집과 주위 전답을 물려주었고, 넷째 딸의 아들 권처균權處均에게는 강릉에서 조상 묘소를 돌보라는 조건으로 북평촌 기와집과 전답을 물려주었다. 권처균은 어렸을 때 외할머니로부터 물려받은 기와집 주위에 검은 대나무가 무성하게 자란 것을 보고 자신의 호를 '까마귀오烏, 대죽竹, 집헌軒'자를 써서 '오죽헌烏竹軒'이라 불렀다. 이것이 오늘날 북평촌 기와집의 택호宅號가 되었다.

오죽헌에 오죽이 자란 연도는 상당히 오래 되었음을 알 수 있다. 오죽헌에는 이사온이 지은 시가 새겨진 현판이 걸려 있다.

吾廬雖小亦容身	내 집이 작다 하나 살 만은 하고
爲築維垣闢四隣	울타리 나지막해 사방이 훤해
遠近碧山千古畵	주변에 푸른 산은 천고의 그림
風霜烏竹一軒珍	온 시련 겪은 오죽 이 집의 보배

이 시의 내용으로 보아 오죽은 이사온의 장인 최응현의 부친이 당초 이 집을 지을 때 심은 것으로 보인다. 오죽헌에 자생하고 있는 오죽은 우리나라 대표 오죽이다. 이 까마귀처럼 검은 대나무는 죽순이 자라는 첫 해에는 푸른색을 띠다 2~3년을 지나면서 검은 반점이 생긴다. 그리고 4~5년이 지나면 검어지기 시작하다 생을 다할 무렵에는 흰색으로 변하면서 천천히 고사枯死한다.

오죽헌의 오죽

《증수임영지增修臨瀛誌》에 "정조 임인년1782에 오죽헌의 낡고 못 쓰게 된 재목을 새것으로 바꾸고 옛 모습으로 되살리자 여름부터 시들어 죽었던 대나무 밭에서 죽순이 돋아나 오죽 숲이 무성해졌다"는 기록이 있다.

오죽헌은 작은 의미에서는 별당건물 한 채를 말하지만 넓은 의미에서는 별당건물을 포함한 사랑채, 안채, 어제각, 문성사, 율곡기념관 등을 포함한다.

보물 제165호인 별당건물 오죽헌은 앞면 세 칸, 옆면 두 칸의 팔작 기와지붕인데, 건물 왼쪽 두 칸은 대청마루로 율곡이 어린 시절 어머니와 외할머니로부터 글을 배우던 곳이고, 오른쪽 한 칸은 온돌방으로 율곡과 어머니 사임당이 태어난 곳이다. 대청마루의 나무 바닥은 우물마루, 천장은 서까래가 노출된 연등蓮燈 천장이다. 온돌방의

오죽헌 현판

앞뒤는 두 짝 띠살문을 달았고 왼쪽과 오른쪽 벽에는 외짝 여닫이 문을 달았다. 온돌방의 천장과 벽은 종이로 마감하였다.

오죽헌 별당건물은 우리나라 주택 건축물 가운데 가장 오래된 것 중의 하나이며, 주거건축에서는 드물게 이익공식二翼工式을 취하고 있어 주심포 기둥과 익공의 관계를 살펴볼 수 있는 중요한 자료이다. 이러한 건축 양식적 가치로 인해 1963년 보물 제165호로 지정되었다.

사임당이 서른세 살 되던 1536년, 동해에서 검은 용이 날아와 문 머리에 서리는 꿈을 꾸고 율곡을 낳았다. 용 꿈을 꾸고 율곡을 낳은 방을 '몽룡실夢龍室'이라 하고, 꿈에 용을 보았다 하여 율곡의 어릴 적

오죽헌 건물(보물 제165호)

오죽헌 대청마루, 천장

사랑채 전경

안채 전경

내실에서 꿈을 찾은 예술가, 사임당을 그리다

이름을 '현룡見龍'이라 불렀다.

오죽헌은 원래 사랑채, 안채, 별당건
물 정도의 규모였으나 1788년 정조正祖가,
오죽헌에 율곡이 어렸을 때 쓰던 벼루와 42
세 때 해주 석담에서 친필로 쓴《격몽요결擊
蒙要訣》이 있다는 소식을 듣고 그것이 보고 싶
으니 궁궐로 가져오라고 명하였다. 벼루와
책을 본 정조는 벼루 뒷면에 다음과 같이 직
접 지은 글을 썼다.

어제각에 보관된
율곡 벼루의 앞면과 뒷면

涵婺池　무원 주자 못에 적셔 내어
象孔石　공자의 도를 본받아
普厥施　이를 널리 베푸시고
龍歸洞　선생은 하늘나라로 가셨건만
雲潑墨　명성은 먹에 뿌려
文在玆　학문은 여기에 남아 있구려

그리고 장인匠人을 시켜 이대로 새기게 하였다.

안동 고산석高山石의 율곡 벼루는 율곡이 어렸을 때 외할머니가 선
물한 것으로 보인다. 소박한 형태이긴 하나 상·하단에는 매화 가지와
대나무가 양각되어 있는데 매화가지에 꽃망울은 보이지 않고, 새잎이
막 트려는 듯, 한껏 부풀어 오른 새싹 눈망울만 새겨 놓았다. 이는 매

화나무에 새싹이 트는 것과 마찬가지로 어린 율곡의 학문은 아직 새싹을 틔우는 단계에 있지만 꾸준히 닦아서 언젠가는 매화나무가 난만한 꽃을 피워 탐스러운 열매를 맺듯 대성하라는 뜻이 담겨 있다. 매화나무에 담긴 자연의 섭리와 같이 외손자의 학문도 크고 넓어지기를 바라는 외할머니의 속 깊은 뜻을 읽을 수 있는 대목이다. 또한 외할머니의 학문적 깊이도 엿볼 수 있다.

벼루바닥인 흑당墨堂은 해를 상징하고, 물을 담는 곳인 흑지墨池는 달을 형상화하였기 때문에 '매죽일월연梅竹日月硯', 또는 율곡의 아명인 현룡에서 이름을 따 '용연龍硯'이라 부른다.

정조는 《격몽요결》을 본 뒤, 서문을 지은 다음 잘 보관하라며 오죽헌으로 되돌려 보냈는데 이것이 곧 어명이 되었다. 이를 보관하기 위하여 지은 집이 어제각御製閣이다.

어제각의 출입문 격인 '운한문雲漢門'은 《시경詩經》〈대아편大雅篇〉에 나오는 문장에서 따온 것이다.

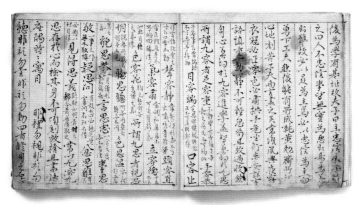

율곡 이이, 《격몽요결(보물 제602호)》, 오죽헌시립박물관

어제각 현판

俾彼雲漢　밝은 저 은하수는
爲章于天　하늘에 무늬를 수놓고 있네

　이는 정조가 1788년 5월 어제각을
지어 벼루와《격몽요결》을 잘 보관하라는
분부를 내리자 임금의 덕을 찬양한 것이다.
　문성사文成祠는 율곡의 영정을 봉안한 곳으로 1975년 박정희 대
통령의 오죽헌 정화사업 때 지어졌다. 1624년 인조는 율곡 이이에게
시호를 내렸는데 '문성文成'은 '도덕과 학문을 널리 들어 막힘이 없이
통했으며, 백성의 안정된 삶을 위하여 정사의 근본을 세웠다[道德博聞日
文 安民立政曰 成]'는 뜻이다.

어제각 전경

운한문

문성사 전경

율곡기념관 전경

오죽헌 송림

제2장

화가 사임당

풀벌레가 기어 다니는 듯 살아 있는 〈초충도〉*

"그림으로써 세상에 드러난 이는 헤아릴 수 없이 많지만 그 모두는 남자요, 부인은 극히 드물다. 게다가 잘 그리는 사람은 많아도 신묘한 경지에 들어간 사람은 많지 않다. 그러나 부인으로서 그림을 잘 그려 신묘한 경지에까지 들어간 사람은 우리나라에서도 오직 사임당 신씨뿐이다."

1764년 이조판서를 지낸 홍양한洪良漢이 한 말이다.

율곡도 〈어머니 행장〉에서 "어머니는 평소 그림 그리기를 좋아했

---

* 이 내용 중 일부는 가톨릭관동대학 발행 《사임당 가족의 시·서·화》를 참고했다.

는데 모두 절묘하여 흉내 낼 수 있는 사람이 없었다"고 했다. 심지어 숙종은 자신의 장인 경은부원군 김주신金柱臣이 소장하고 있던 사임당의 〈초충도〉를 직접 보고 똑같이 그리게 한 다음 병풍을 만들어 대궐에 두고 감상했다.

惟草惟虫	풀이랑 벌레랑
狀貌酷似	실물과 똑같구나
婦人所描	부인의 솜씨인데
何其妙矣	어찌 그리 묘하다니
于以摸之	하나 더 모사하여
作屛殿裡	대궐에다 병풍 쳤지
惜乎闕一	안타깝다 빠진 한 폭
疊摸可已	다시 하나 그릴 수밖에
只以采施	채색만을 썼는데도
此尤爲美	한층 더 아름다워
其法維何	그 무슨 법이런가
無骨是耳	무골법이 이것일세

– 숙종어제肅宗御製

좌의정까지 올랐던 권상하權尙夏는 〈초충도〉를 보고 "줄기와 잎사귀는 마치 이슬을 머금은 것 같고, 풀벌레는 살아서 움직이는 것 같으며, 오이와 수박을 보고 있노라면 저도 몰래 입에 침이 흐르니 어찌 천하의 보배라 하지 않으리오"라고 했다.

또 이원복 전 국립광주박물관장은 "사임당의 〈초충도〉는 고유색

짙은 화풍의 형성과 창출 과정에서 그 역할이 두드러질 뿐만 아니라 16세기 전반의 화단에서 간과될 수 없는 분명한 위상을 지니며, 후대를 위한 징검다리 역할을 했다"고 평가했다.

〈초충도〉는 두 폭의 발문을 포함한 열 폭짜리 병풍에 그려진 여덟 폭의 그림이다. 첫 번째 폭에 그려진 '오이와 메뚜기' 그림에는 보조 소재로 여자의 지조를 상징하는 패랭이꽃이 함께 그려져 있다. 탐스런 오이 두 개가 넝쿨 아래쪽에 늘어져 있는데 담묵 윤곽선 안에 담채로 농담에 변화를 주었다. 두 번째 폭에 그려진 그림에는 '쇠똥구리와 잠자리'가 역동적으로 표현돼 있다. 왼쪽으로 옅은 분홍색 꽃을 피운 식물은 수박풀처럼 보이기는 하나 정확하지는 않다. 또 오른쪽 여백에는 패랭이꽃이 조화롭게 배치되어 있어 안정감을 더해 준다.

세 번째 폭에 그려진 '수박과 여치'도 첫 번째 폭과 비슷한 구도이다. 수박 넝쿨과 달개비 한 포기가 왼쪽에서 오른쪽으로 화면을 채우고 있다. 네 번째 폭의 '가지와 사마귀' 그림에서는 사임당의 예리한 관찰력과 표현력을 엿볼 수 있는데 가지 끝부분을 보라색 농담으로 처리하여 가지 열매의 성숙도를 쉽게 알아볼 수 있도록 하였다.

다섯 번째 폭의 '맨드라미와 개구리' 그림은 여덟 폭 가운데 유일하게 세 가지 풀로 장식되어 있다. 맨드라미는 닭 벼슬처럼 생긴 꽃 덩치의 무게를 못 이겨 왼쪽으로 기울다 자세를 바로잡았다. 오른쪽에 자주색 도라지 화면 양쪽으로 방동산이를 균형 있게 배치했다. 땅에는 금방이라도 벌레를 낚아채려는 듯 잔뜩 웅크리고 앉은 개구리가 눈망울을 굴리고 있다. 여섯 번째 폭은 '두메양귀비와 풀거미' 그림이다. 화면 가운데 꽃을 배치하고 역시 한 쌍의 나비를 그렸다. 두메양귀비라는 이 야생화는 꽃대 끝부분이 구부러지는 것이 특징인데 사임당은 이것까지 놓치지 않았다. 평면적 묘사에서 좀 벗어나 약간의 공간감을 느끼게 했다.

일곱번째 폭은 '봉숭아와 잠자리' 그림이다. 봉숭아는 어머니와 손톱을 물들이던 다정한 한때를 그려본다는 의미를 담고 있다. 또 씨앗이 익으면 사방으로 퍼지는 속성 때문에 자손번창의 뜻도 가지고 있다.

여덟 번째 폭의 '원추리와 벌' 그림에는 들국화를 보조 소재로 중앙에 배치했다. 들국화 세 포기 가운데 두 포기는 조금 비어 있는 듯한 오른쪽 공간에, 나머지 한 포기는 왼쪽 뒤편에 배치해 다소 위태로워 보이는 원추리와 균형을 맞추었다. 자세히 보면 이 여덟 번째 폭의 원추리와 벌을 제외한 나머지 일곱 화폭 하단부에는 메뚜기, 쇠똥벌레, 여치, 사마귀, 개구리, 풀거미, 방아깨비가 금방 화폭에서 튀어나올 듯 생동감 있게 그려져 있다.

그러나 여덟 번째 폭에는 구도상 왼쪽 하단부에 있어야 할 벌레가 보이지 않는다. 그 까닭인즉 이렇다. 어느 날 사임당의 그림을 말리기 위해 마당에 펴 놓았는데 마침 닭이 그림 속의 벌레가 살아 있는 것인 줄 알고 쪼아서 없어졌다는 것이다. 사실 여부야 어떻든 사임당이 그린 풀벌레의 사실감을 우회적으로 극찬한 일화이니 값진 이야기이다.

사임당, 〈초충도(강원도 유형문화재 제11호)〉 8폭(폭 순서에 따라 번호 매김), 오죽헌시립박물관

내실에서 꿈을 찾은 예술가, 사임당을 그리다

그러나 그림이 아무리 사실에 가깝다 하더라도 옛 선인들은 '시중유화詩中有畵, 화중유시畵中有詩'라 하여 시 속에는 그림이 있어야 하고 그림 속에는 시가 있는 작품이라야 격조가 높다고 했다. 그래서 예로부터 그림은 보는 것이 아니라 읽는 것이라 했다. 현란한 붓 놀림만으로 그린 그림은 생명이 없는 그림이라는 뜻이다.

그러나 이 〈초충도〉에는 사임당의 속 깊은 철학이 담겨 있다. 오이, 수박, 가지는 한넝쿨, 한줄기에 많은 열매를 맺는 식물이기 때문에 '다산'의 의미를 담고 있다. 여성이 출가 후 이들 열매와 같이 많은 자손을 둔다는 것은 곧 그 집안의 '가문 번창'을 뜻한다. 그리고 맨드라미는 닭 벼슬과 같이 생겼다 하여 벼슬을 상징하는 식물이다. 지난날에는 벼슬하면 입신양명立身揚名이라 하여 자식이 부모에게 하는 마지막 효도라고 생각했다. 즉 사임당은 출가 후 많은 자식을 낳되 하나같이 훌륭하게 키우는 것이 곧 가문 번창의 길임을 알았던 것이다.

또 〈초충도〉 가운데 원추리는 일명 망우초忘憂草라 하는데, 이 꽃을 보면 모친의 근심을 잊게 해 준다고 하여 시집간 딸이 거실 앞뜰에 심어 놓고 마음을 달래던 효심의 꽃이다. 이렇듯 사임당의 초충도는 여성의 정체성과 감정을 화폭에 옮겨 놓은 것이라 할 수 있다.

결국 사임당은 덕수이씨 가문에 시집가 조선 성리학을 꽃피운 대학자 율곡 이이를 비롯하여, 조선 중기 초서의 대가이자 시·서·화·거문고에 능통해 사절四絶로 불리던 옥산 이우 등 7남매를 훌륭하게 키워 오늘날 덕수이씨 가문 번창의 주역이 되게 하였다.

강원도유형문화재 제11호인 이 〈초충도〉는 1965년 옥산 이우의 14세 종손 논산 이장희 선생께서 기증한 것이다.

입에 침이 고이는 수박과 꽈리 *

풀꽃 식물은 오랫동안 인간과 함께 살아 오며 많은 인연을 맺어 왔다. 그래서 우리는 삶에서나 예술에서나 자연을 있는 그대로의 순수하고 고립된 사물로 보기보다는 인간적이고 문화적인 창의나 관계, 의미 등을 통해서 보고 느끼는 경우가 많았다. 이러한 식물들은 인간과 자연의 중간 지점에 위치한 매개적 존재이면서도 대자연의 산수에 비해서는 작고 아담한 소자연이라 할 수 있다.

인간에 비해서는 사소하고 하찮은 것들이라 여기지만 언제나 있는 듯 없는 듯 부담이 없고 편안해서 우리가 쉽게 정을 주게 되며 그들 또한 아무런 투정도 없이 우리의 정을 잘 받아 준다. 늘 우리 생활 주변에 있는 친근한 풀꽃 식물들은 그 자체로 자연의 섭리와 생명의 경이, 생활의 향기가 은은하게 피어나서 우리의 삶을 풍요롭게 만들어 주기도 한다.

이러한 풀꽃 그림은 어찌 보면 장식적인 그림으로 여겨져 사대부 등 지식층인 문인화가보다는 직업화가의 전유물로 생각하기 쉽다. 그

---

* 이 내용 중 일부는 가톨릭관동대학 발행 《사임당 가족의 시·서·화》 중 한국학중앙연구원 이성미 명예교수의 글을 참고하였다.

러나 이 범주의 그림도 문인화가들이 먼저 즐겨 그려 격조 있는 시적 분위기의 서정성 짙은 그림 세계를 이룩했음을 기록을 통해 알 수 있다. 앞서 언급한 대로 이 분야에 가장 뛰어난 이가 바로 사임당이다. 무엇보다 사임당의 그림에서는 소재를 애써 찾으려는 흔적이 전혀 보이지 않는다. 마당가 장독대나 담장 주위, 혹은 채마밭에서 친숙하게 만날 수 있는 다년생 또는 일년생의 여린 풀꽃과 여기에 깃드는 여러 곤충을 사임당 특유의 세밀한 관찰력과 섬세한 필치로 그려 냈다.

화폭에 자주 등장하는 소재를 살펴보면 곤충류로는 벌과 나비, 잠자리와 메뚜기, 사마귀와 방아깨비, 여치와 베짱이가 있고, 식물류로는 수박과 가지, 오이와 참외, 맨드라미와 봉선화, 원추리와 패랭이, 달개비와 들국화 등이 있다. 하나같이 일상적인 생활 공간에서 쉽게 접할 수 있는 소재들이다. 사임당은 이들을 소재로 채색을 사용한 그림을 주로 그렸으나 때로는 먹만을 사용해 문인화의 격조를 감지하게 하는 것들도 있다.

〈수박과 패랭이〉, 〈꽈리와 잠자리〉로 이름 붙여진 두 폭의 작품은 오죽헌시립박물관 소장으로 이창용 교수가 기증한 것이다. 몰골법을 쓴 채색화로 화면 전체에 싱그럽게 뻗어 오른 수박 줄기를 담묵으로 처리하고 가는 묵선으로 수박의 엽맥을 표현하였다. 수박 열매는 햇볕을 강하게 받은 부분은 농묵으로, 그 반대쪽은 담묵으로 처리하여 음양의 이치를 조화롭게 묘사하였다. 오른쪽 하단부에는 또 하나의 어린 수박을 배치해 전체적인 균형을 살렸다.

앞쪽에 있는 부드러운 곡선의 수박 넝쿨과는 달리 뒤쪽에는 곧은 줄기의 패랭이를 앉혀 주 소재와 보조 소재와의 조화를 도모하였다. 한 여름 수박이 익을 무렵 피기 시작하는 패랭이는 '여성의 지조', '순결한 사랑'의 의미를 담고 있는 지극히 여성적인 꽃이라 사임당의 그림에 자주 등장한다. 화면 상단부에는 벌·나비가 분주하게 날아다녀 동적인 느낌을 주는 반면, 하단부에는 이와 대조적으로 정적인 느낌이 들도록 했다. 사마귀가 어디론가 황급히 가다 주위의 위험을 감지한 듯 잔뜩 긴장한 모습으로 더듬이를 쫑긋 세우고 사방을 주시하고 있다. 침묵이 흐를 정도로 정적이 감돈다. 정적인 식물 구도에다 동적인 곤충을 배치해 자연 생태는 물론 그림까지 살아 있는 느낌이 들도록 했다.

또 한 폭은 〈꽈리와 잠자리〉로 주 소재 꽈리는 장독대나 울 밑에서 흔히 볼 수 있는 다년생 식물이다. 담묵으로 부드럽게 땅 표면을 표시하고 그 위에 역시 담묵으로 완만한 '之'자 형의 줄기를 그리고 가는 묵선으로 엽맥을 표시하였다. 곱게 익은 꽈리 열매를 담홍색으로 채색하여 마치 붉은 복주머니가 매달려 있는 듯하다. 당장이라도 씨를 빼고 입에 넣고 불고 싶은 충동이 든다. 꽈리 왼쪽에는 가을꽃 쑥부쟁이 세 포기를 그려 화면 전체의 안정감을 살렸다. 먹으로 농담의 변화를 주면서 그린 줄기와 잎사귀, 꽃잎의 섬세한 묘사에서 사임당의 숙련된 필치를 엿볼 수 있다.

한 쌍의 벌은 활짝 핀 쑥부쟁이 꽃잎에서 만나기로 약속이나 한 듯 좌우에서 날아들고, 고추잠자리 한 마리는 날개를 접고 쉬고 싶다

사임당, 〈수박과 패랭이〉, 오죽헌시립박물관

사임당, 〈꽈리와 잠자리〉, 오죽헌시립박물관

는 듯 꽈리 끝순을 맴돌고 있다. 밑에는 여치 한 마리가 갈 길이 바쁜지 지상 세계에는 별 관심이 없다는 듯 더듬이를 앞세우고 어디론가 바삐 가고 있다. 화면 한가운데 대표 풀꽃을 배치하고 주변에 온갖 풀벌레들을 늘어놓아 거의 아무런 작위나 조형적 고려도 없는 그야말로 소박하고 꾸밈없는 감성의 원초적인 생태 세계를 그대로 보여 주고 있다.

사임당이 즐겨 그린 소재는 고려 청자 등의 문양에 등장하다가 조선 초기 강희안姜希顔으로부터 화폭에 옮겨졌다. 이때 이미 가지, 참외, 수박 등을 그렸다는 기록이 보이지만 작품으로는 전하지 않는다. 그래서 조선 사대부 문인화가를 총망라하여 초충도는 사임당을 제일로 꼽는다.

조선 성리학을 꽃피운 사임당의 아들 율곡의 기호학풍을 이어받은 조선 제일의 진경산수화가 겸재謙齋 정선鄭歚도 사임당의 〈초충도〉를 따라 그렸을 정도이다. 오늘날 겸재가 조선 '진경산수'의 원조라면 사임당은 조선 '진경초충眞景草蟲'의 원조라 해도 과언이 아닐 것이다.

조선 미술사에서 여성의 영역은 불모지나 다름없었다. 그런 가운데 자신만의 빛깔로 일정 영역을 구축한 인물이 바로 사임당이다.

인품이 녹아 있는 〈물소〉와 〈물새〉[*]

사임당은 어려서부터 북송원체화풍과 남송원체화풍을 두루 넘나들며 다양한 소재의 작품을 남겼다. 조선시대 선비화가들의 문인화는 시·서·화 삼절이라 하여 학문과 인품, 예술이 통시적으로 요구되는 종합예술적인 요소를 지니고 있다. 학문적인 차원이나 인격 수양 등의 요소들이 수묵화의 작품에 투영되는 것이다. 사임당 역시 자신이 표현하고자 하는 대상이 곧 자신의 심상적 품격과 일체화되고 이를 형상적으로 표출한 것이 바로 그림이라 생각하였다.

앞의 작품들에서도 알 수 있듯이 사임당은 비록 여성이었지만 선비 문인화가들의 전유물이었던 시·서·화 삼절에서 이들을 능가할 정도로 뛰어난 작품들을 남겼다. 〈물소〉와 〈물새〉 그림은 '사임당화첩'으로 꾸며져 전해 오는 작품으로 이창용 교수가 기증한 것이다. 비단 바탕에 수묵으로 그린 이 작품에 굳이 화제를 붙이자면 '목마른 소가 물을 마시다'라는 '갈우음수渴牛飮水'와 '갈대밭 물가에서 쉬는 해오라기'라는 '노저게로蘆渚憩鷺'라 할 수 있겠다.

〈물소〉는 화폭을 3등분하고 상단부 왼쪽에는 담묵으로 보일 듯 말 듯 희미하게 숲을 표현하였다. 중심부는 원근을 살린 묵선으로 강 언덕을 묘사했으며, 하단부는 강 언덕과 강물의 경계를 역시 살짝 담묵을 써서 구분 지었다. 화면 대각선으로 큼직한 소가 뒷발은 언덕에 두고, 앞발은 강물에 담그고 물을 마시려는 동작을 묘사했다. 엉덩이

---

[*] 이 내용 중 일부는 간송미술관 발행 《간송문화》 중 최완수 연구실장의 글을 참고하였다.

사임당, 〈물소〉, 오죽헌시립박물관

내실에서 꿈을 찾은 예술가, 사임당을 그리다

사임당, 〈물새〉, 오죽헌시립박물관

를 잔뜩 뒤로 빼고 앞발에 힘을 싣고 서 있는 모습에서 강물과 언덕 사이의 경사가 심한 것을 느낄 수 있다. 역동적 입체감을 교묘하게 살린 작품이다.

그런데 이 〈갈우음수도〉에 묘사한 소는 우리나라의 황소를 닮았다기보다는 중국 강남 지방에 서식하는 물소에 가깝다. 당시 우리나라에도 당연히 소가 있었을 터인데도 소 그림이라면 으레 이렇게 그려야 한다는 고정관념이 소를 물소로 그려 놓고 말았다. 이는 1314년 고려 충선왕이 원나라 연경에 만권당이라는 독서당을 세우고 고려와 원나라 문화 교류의 중심 역할을 할 때 수많은 중국 그림이 유입되면서 조선 전기에 그려진 그림들은 대부분 중국 그림을 모방·계승하였기 때문으로 보인다.

사임당도 예외는 아니어서 수련 초기에는 당시 사대부 화원들이 그랬듯이 중국 그림의 영향에서 벗어나기 어려웠을 것이다. 이 소 그림이 그 단적인 예라 할 수 있다. 그러나 사임당의 소는 조선 중기 김시金禔의 〈야우한와도野牛閑臥圖〉와 이경윤李慶胤의 〈기우취적도騎牛吹笛圖〉에 보이는 물소와는 차이가 있다. 이들 작품에 나타난 물소는 큰 몸집에 비해 지나치게 작은 머리, 원형에 가까운 뿔, 그리고 얼굴과 귀 모양이 빈약한 데 반해, 사임당이 그린 소는 이와는 반대다. 우리 소 특유의 큰 머리, 강인한 뿔, 넉넉한 귀 등 우리 황소를 묘사하려고 애쓴 흔적이 곳곳에 보인다.

같은 화첩에 있는 〈물새〉는 사임당의 차원 높은 문기文氣를 볼 수 있는 수작이다. 화면 왼쪽에서 오른쪽으로 죽엽 처리하듯 힘찬 필치로 갈대를 포치하고 성긴 갈대숲을 은신처 삼아 쉬고 있는 해오라기를 귀엽게 그렸다. 해오라기는 한 발은 물에 담그고 한 발은 살짝 들고 고개는 어깨에 묻은 채 살며시 옆을 바라보고 있다. 긴 부리의 뻗은 모양새가 예리하면서도 부드럽고 목의 굽이는 선묘 없이 옅게 처리하여 몸 전체로 이어지도록 했다. 조금 짙게 표현한 날개의 깃털 가락은 붓 끝으로 점을 내리찍듯 가볍게 표현하였다. 해오라기의 발이 물에 잠긴 정도로 보아 주위가 얕은 곳임을 알 수 있다. 그래서 강모래가 쌓인 곳을 굵은 태점으로 처리하여 강물이 얕음을 나타내었다. 역시 사임당다운 예리한 착상에 감탄할 뿐이다.

군더더기 배경을 배제하고 해오라기와 갈대만으로 화면을 구성하여 간결하면서도 시원한 맛이 느껴지는 작품이다. 최소한의 선과 묵을 사용하여 한적한 시골 강가의 풍경을 운치 있게 묘사해 냈다. 직관적이고 붓질의 중첩 없이 일획성을 중시한 점이라든가 날개 부분의 묵점, 강바닥의 자연스러운 태점 등에서 남종화풍의 특징을 엿볼 수 있다. 사임당이 수련기에 그렸을 것이라고는 믿기지 않는 작품이다.

불과 몇 획으로 대표되는 간결한 구성이나 필획, 수묵의 농담, 운필의 속도 등으로 인한 변화와 함께 고도의 함축으로 절제 속에 그 요체만을 담아낸 것이 사임당의 학문과 인품이 녹아 있는 작품이다.

여류 선비다운 맑은 멋을 담은 매화

매화는 세한에 피고 그 향기와 꽃빛이 맑고 깨끗하므로 청객으로 불리고 온갖 봄꽃의 화려함에 대립된 결백함 때문에 진심을 가진 꽃으로 인식되어 왔다. 게다가 탈속한 미감이 깃들어 있고 눈 속에 홀로 피어 고고한 품격을 지닌 꽃이라 예로부터 시인묵객들에게 사랑을 받아 왔고 시문학과 화폭 등의 주제로 자주 등장하였다.

우리 선조들은 매화의 성정을 가리켜 아름다움이 천하에 으뜸일 뿐만 아니라 높은 품격과 빼어난 운치를 겸비한 화중 군자요, 화계의 영수라 하였다. 우리나라에서 묵매화가 미술의 주제로 처음 등장한 것은 943년 축조된 고려 태조 왕건릉에서 발견된 벽화, 〈세한삼우도歲寒三友圖〉이다.

이후 조선시대에 들어와서는 더욱 크게 유행하게 되어 문종 임금, 강희안, 안견安堅 등 왕과 사대부에서 화원에 이르기까지 묵매화가 폭넓게 그려졌다. 그러나 여성으로서는 사임당과 그의 딸 매창이 그린 〈매화도〉 정도가 알려졌을 뿐이다.

수묵담채로 그려진 사임당의 〈고매첩〉 8폭은 이화여대박물관 소장으로 2004년 '사임당 탄신 500주년 기념 특별전'에 초대되었던 작품이다. 고목의 굵은 줄기는 비백 처리보다는 먹으로 채웠고, 꽃 또한 흰 호분을 두텁게 입혀 점 찍듯 처리하였다. 대체로 조선 중기 묵매가 그러하듯 화면의 비중을 좌우에 두어 상호 조화를 꾀하였다. 노목의 둥치를 강조하다 보니 전체적으로 무거운 느낌이 들기는 하지만 옛

법식을 충실히 따른 데다 여성의 섬세함까지 보태져 매화의 맑은 멋을 한껏 느낄 수 있는 작품이다.

첫 번째 폭은 '설중매'로 온갖 풍상으로 인한 고초를 참아 내며 고목의 줄기에서 향기를 뿜내고 있다. 왼쪽에서 오른쪽으로 힘차게 뻗어 올라간 가지에서는 노목의 강인한 생명력을 느낄 수 있다. 세 번째 폭은 한겨울 풍설에 견디다 못해 살짝 부러진 절매를 표현한 것으로 매화 특유의 생명력을 사실적으로 나타내었다. 부러진 가지 끝부분을 화면 오른쪽 여백으로 늘어뜨려 전체적인 조화를 꾀하였다. 비록 선비가 절의는 꺾여도 그 당찬 기개만은 살아 있음을 우회적으로 표현한 것이라 볼 수 있다. 가녀린 여자의 솜씨라고는 믿기지 않는다.

여섯 번째 폭은 연기가 매화 가지를 살짝 가린 '연매'를 표현한 것으로 신비로움이 묻어난다. 만개한 꽃과 복잡 기묘한 가지와 줄기를 화면 가득 그려 넣어 화려하고 난만함을 강조하고 있다. 일곱 번째 폭은 '월중매'를 묘사한 것으로 고목의 둥치에서 새 가지가 달을 향해 힘차게 뻗어 올랐다. 화면을 간결하게 압축시켜 잡아내고 핵심적인 요소만을 간추려 표현하여 매화의 고고한 자태와 청아한 풍골을 명확히 담아내고 있다. 지극히 단순한 구도와 묘사처럼 보이지만 늙은 둥치와 새로운 가지가 흐트러짐 없이 날렵하게 솟아올라 직립한 가지의 강직한 직선미와 둥근 달의 유연한 곡선미가 절묘한 대비를 이루고 있다.

사임당의 매화는 충천한 기세의 가지 표현과는 달리 꽃은 담채로

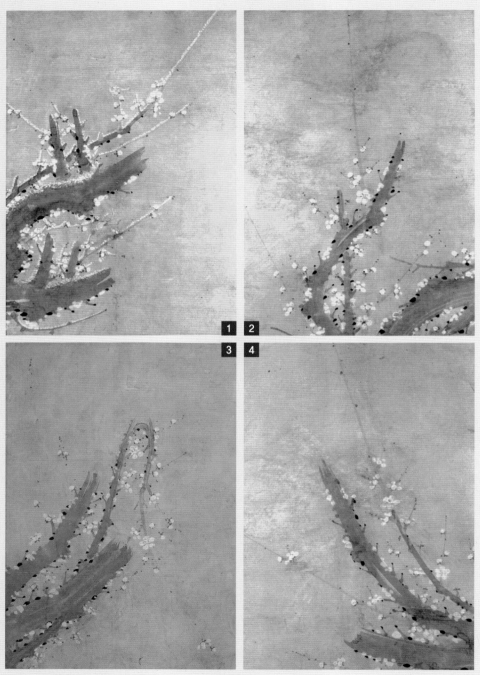

사임당, 〈고매첩〉 8폭(폭 순서에 따라 번호 매김), 이화여대박물관

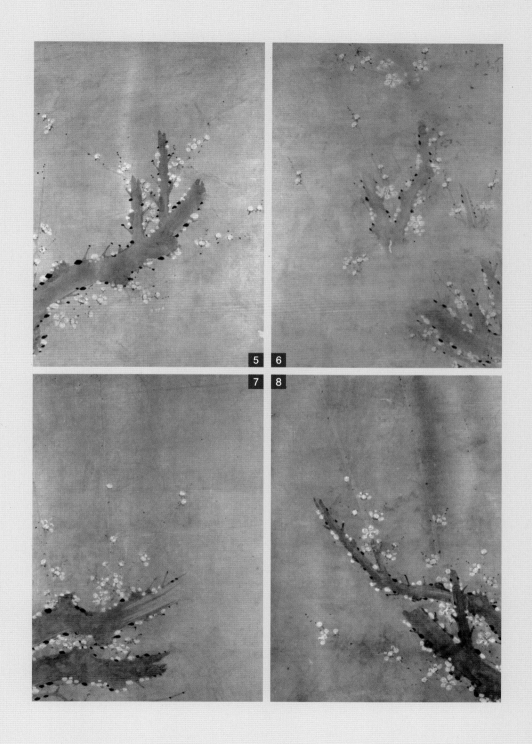

소략하게 묘사되었는데 이것은 중국의 묵매와는 확연한 차이를 보이는 것이다. 꽃을 소극적으로 묘사한 것은 꽃이 주는 흥취보다는 노태미가 물씬 풍기는 둥치에서 뻗어 오른 청신한 가지가 지조와 절개가 상징인 매화의 군자적 품성을 표출하기에 적합하다고 여겨 이를 강조하기 위한 의도로 보인다.

매화는 추운 겨울을 아랑곳하지 않고 눈 속에서도 메마른 가지에서 꽃을 피우며, 그 은근한 향기의 운치로 인하여 일찍부터 많은 이들의 사랑을 받아 온 꽃이다.

율곡은 어머니 사임당이 그린 '고매도古梅圖'의 제화시題畵詩라고 해도 손색이 없을 만큼 뛰어난 매화시를 읊었다.

梅花本瑩然　매화는 본디부터 환히 밝은데
暎月疑成水　달빛이 휘영청 물방울 같네
霜雪助素艶　눈서리에 흰 살결은 더욱 예쁘고
清寒撤人髓　맑고 찬 기운은 뼈에 스민다
對此洗靈臺　매화를 마주 보며 마음 씻나니
今宵無點滓　오늘 밤엔 찌꺼기 한 점 없겠지

당시 문인들은 매화의 고고하고 청한한 자태와 풍골을 음미하는 상대로는 설중매가 제격이라 생각했던 모양이다. 사임당은 조선의 문인들 사이에서 널리 공감되던 이와 같은 매화의 정취와 미감을 단정한 형식과 강인하고 명료한 필법으로 과장 없이 잡아내어 자신만의

오죽헌 뜨락의 천연기념물
제484호 율곡매

독특한 화법으로 묘사해 내었다.

조선 후기에 사임당을 '여류 선비'라 부른 형조판서 신석우는 사임당의 〈고매첩〉 발문에서 "옛말에 이르기를 그림의 생명은 500년이라 했지만 그것은 다만 하찮은 화가들의 작품에 대해 한 말이요 이 그림은 율곡 선생의 학문과 함께 천지가 뒤집힐 때까지 영원할 것이니 어찌 비단 자락에 먹칠이나 하는 손 끝 기술쯤 가진 자들과 감히 짝할 수 있을 것이랴!"라고 했다.

600여 년이나 된 천연기념물 제484호 최고령 매화나무가 오죽헌 뜨락에 서 있는 것도, 어머니를 닮아 매화를 잘 그린 사임당의 맏딸의 호가 매창이라는 것도 우연이 아닌 듯싶다.

안견의 그림을 스승 삼아 그린 절묘한 산수도 *

동양의 산수화는 서양의 풍경화와는 다르다. 산수화는 단순한 자연 경관을 그린 것이 아니라 동양 특유의 산수미의 조화와 자연관을 바탕으로 이루어진 것으로 시기상으로도 서양보다 5세기 정도 앞선다.

주자 성리학을 국시로 내걸었던 조선 왕조에서 학문의 경향은 시·문·서화 등 예술을 필수 덕목으로 하는 학예겸수의 특징을 가지고 있었다. 시문은 고래로 문사들이 닦아야 할 기본 교양이었으니 더

---

* 이 내용 중 일부는 국립중앙박물관 발행 《미술자료》 제20호 중 안휘준 교수의 〈한국절파화풍의 연구〉와 오죽헌시립박물관 발행 《아름다운 여성 신사임당》 중 이원복 국립광주박물관장의 〈사임당의 그림세계〉를 참고하였다.

말할 것이 없지만 주자가 서화를 도학을 담아 전달해 주는 '재도지구載道之具'라 규정하면서 그 기능을 높이 평가하였으므로 주자 성리학에서는 처음부터 예술을 중시하고 있었다. 그래서 문인화원들은 시·서·화를 선비의 기본 소양으로 여기고 학문과 인격을 수양하는 경우가 많았다. 그러다 보니 자신의 사상과 인격을 형상적으로 나타내는 징표로서 그림 속에 그런 선비 정신을 그대로 드러내기도 했다.

조선 초기 대표적인 문인화원으로는 북송원체화풍을 주도한 안견을 비롯하여, 남송원체화풍을 주도한 강희안을 들 수 있다. 안견은 세종 때 도화원에서 벼슬한 조선 초기 대표 화원으로 안평대군을 섬기면서 고화를 섭렵하였다. 화훼, 매죽 등 많은 그림을 그렸으나 산수도가 가장 특출하였다.

율곡도 일찍이 〈어머니 행장〉에서 "7세 때 안견의 그림을 방倣하여 산수도를 그린 것이 아주 절묘하다"라고 한 점으로 보아 사임당이 당대 최고의 화명畵名을 날린 안견의 그림을 즐겨 그렸음을 짐작할 수 있다.

그림을 그리는 데는 모模와 방倣이 있다. '모'는 모사模寫와 같은 뜻으로 남의 그림을 그대로 똑같이 본떠 그리는 것이고, '방'은 본받아 그리되 자신의 화풍을 함께 표현하는 것을 말한다. 율곡이 어머니의 그림을 일러 '절묘하다'고 한 것은 사임당이 안견의 산수화를 보고 그렸으되 자신만의 그림 세계를 표현했기 때문에 그렇게 말한 것이다.

국립중앙박물관 소장의 사임당의 〈산수도〉 두 폭은 오죽헌시립박물관 '아름다운 여성 신사임당' 특별전에 선을 보인 작품이다. 수묵 위주로 처리하였으나 나무 주변에 약간의 담황 채색을 가미한 것이 보인다. 두 폭 모두 산수의 본질만을 취하는 간결한 구도와 일체의 장식성을 배제한 묵법으로 중천에 뜬 둥근달이나 서산으로 지려는 해를 배치함으로써 지나치게 단조롭다는 느낌이 들지 않도록 했다. 화면의 무게 중심을 좌우 상단에 두고 각기 화면 여백에 당나라 시인 맹호연孟浩然과 이백李白의 5언 시를 써 넣었다. 첫째 폭에는 맹호연의 〈건덕강에서 숙박하며宿建德江〉이 쓰여 있다.

移舟泊煙渚 　 안개 낀 물가에 배를 대자니
日暮客愁新 　 저물녘 나그네 근심 새로워
野曠天低樹 　 넓은 들 하늘엔 나무 닿은 듯
江淸月近人 　 맑은 강 달빛만 나를 비추네

'화중유시' 그대로다. 화면 왼쪽 강기슭에 외로운 나그네가 배에 앉아 시름을 낚고 있는데 달이 중천에 떴다. 화면 가득 적막함이 감돈다. 굵은 묵선으로 바위를 포치하고 그 틈새에 굳센 고목을 그렸다. 가까이 보이는 산 뒤로도 같은 유형의 나무를 그려 평화로운 강촌 마을이 있음을 암묵적으로 나타내었다.

둘째 폭에는 이백의 시 〈강동으로 가는 장사인을 전송하며送張舍人之江東〉가 있다.

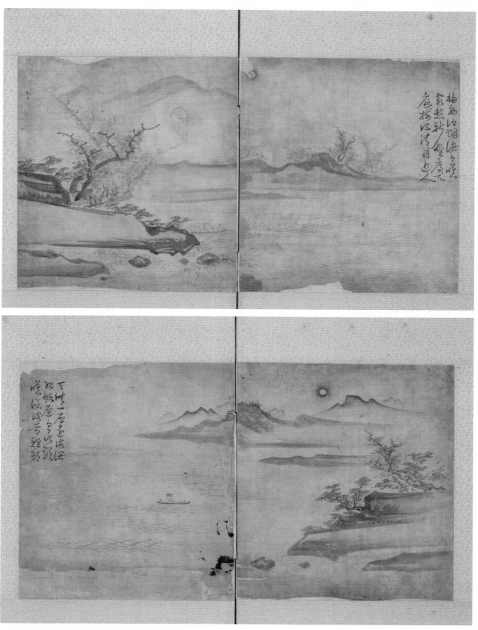

사임당, 〈산수도〉 2폭, 국립중앙박물관

天淸一雁遠	하늘 끝 저 멀리 기러기 날고
海闊孤帆遲	바다는 넓은데 돛배는 느릿
白日行欲暮	밝은 해 서산에 저물려 하고
滄波杳難期	창파는 아득해 기약 어려워

역시 서산 너머로 지는 해를 묘사하고 시원하게 펼쳐진 넓은 바다에 외롭게 떠가는 돛단배를 그렸다. 바람이 없다 보니 물결을 잔잔하게 표현하였고 돛단배 또한 느리다 보니 배가 지나온 자리에 물결을 표현하지 않았다. 사임당의 속 깊은 눈썰미에 탄복이 절로 나온다. 그토록 밝던 해가 서산에 걸릴 무렵 해무리가 졌다. 이는 날씨가 좋지 않으려는 징조다. 해는 지려 하는데 배를 댈 만한 포구는 보이지 않는다. 앞만 바라보고 있는 사공의 모습에서 애타는 심정을 읽을 수 있다.

오른쪽 바위나 토파土坡를 묘사한 짙은 먹의 필선과 밝은 부분의 강한 대조, 그리고 고목의 줄기나 가지를 묘사한 좀 거친 듯한 짤막한 필선 등은 조선시대 절파화풍에서 흔히 볼 수 있는 양식적 특징이다. 반면 아득히 펼쳐진 수면 위의 잔물결을 엷은 묵선으로 가느다랗게 표현한 것은 절파화풍에서 흔히 볼 수 없는 기법이다. 특히 잔잔한 물결이 겹쳐 보이도록 그물 같은 모양으로 표현한 것은 사임당의 산수도에서만 볼 수 있는 특이한 기법으로 실제 일어나는 현상을 시각적 관점에서 예리하게 관찰한 결과로 보인다. 이는 안견이 북송 이곽화 화풍뿐만 아니라 남송 마원의 절파화풍도 구사했으므로 사임당도 안견의 그림 공부를 하면서 절파화풍을 습득한 것으로 여겨진다.

한국학중앙연구원 이성미 명예교수는 "사임당의 〈산수도〉는 당시 유행했던 절파화풍의 영향을 받으면서 여성 특유의 섬세함이라든가 외부와의 직접적인 교류가 거의 없는 내실 그림에 나타나는 특수성이 가미된 작품"이라 했다. 비록 외부와의 교류 없이 스스로 터득한 기법이지만 경물들이 흩어져 있으면서도 서로 조화를 이루는 구도상의 특색을 비롯하여 확대 지향적인 공간 개념과 변화가 큰 필법 등에서 한국적인 특징을 짙게 띠고 있는 작품이다.

이창용 교수가 강릉시에 기증한 사임당 일가의 유물 가운데 사임당의 〈산수도〉가 한 폭 있었다. 그림은 비단 바탕에 그린 것이라 모두 박락剝落되어 형체를 알아볼 수 없고, 다만 족자 뒷면에 소세양蘇世讓, 1486~1562의 제화시만 남아 있다.

百折溪流千疊山	시냇물 굽이굽이 첩첩 산 돌아들고
巖廻木老路紆盤	바위 곁 노목 사이 휘 굽어 길이 났네
樹林霧靄空濛裡	숲에는 아지랑이 자욱이 끼었는데
帆影煙雲滅沒間	돛대는 구름 속에 보일락 말락
落日板橋仙過客	해질녘 다리 위로 신선이 지나가고
圍棋松屋野僧閑	스님은 한가로이 바둑을 두네
芳心自與神爲契	꽃다운 그 마음 신과도 합치되니
妙思奇蹤未易攀	묘한 생각 맑은 자취 따라잡기 어렵네

형체를 알아보기 어렵기는 하지만 소세양의 제화시로 인해 사임당의 산수도 화풍을 어렴풋이나마 짐작할 수 있다. 국립진주박물관

사임당, 〈박락된 산수화〉 2폭,
오죽헌시립박물관

작자미상,
〈소상팔경도〉 중
'산시청람',
국립진주박물관

소장 〈소상팔경도〉는 사임당의 〈박락된 산수화〉와 가장 가까운 화풍의 그림이라 할 수 있다.

결국 사임당은 조선 중기 절파화풍의 기수로 알려진 이흥효李興孝와 이경윤李慶胤보다 한 세대 앞서 절파화풍을 구사한 것이다. 그러므로 내실에서 그림을 공부한 여성으로서 조선 초기 강희안1417~1464의 절파화풍을 조선 중기로 연결해 주는 가교 역할을 한 셈이라고 볼 수 있다.

손끝에서 영근 달콤한 포도 그림

'화중유시'라는 옛 선인들의 말처럼 그림으로 그려지는 것은 반드시 뜻이 있으니 초목이 그려지는 것도 바로 이 때문이다. 난의 향기로움, 국화의 빼어남, 매화의 고결함, 송죽의 지조는 모두 사물에 의탁해 스스로 수양으로 삼는 것이니 헛되이 먹이나 칠하고 색채나 입히는 것은 그림이 아니다.

포도 역시 탐스러운 열매 때문에 예로부터 다산과 풍요로움을 상징하는 의미에서 그림의 소재로 각광받았다. 무릇 포도는 나무지만 풀처럼 끝을 맺고, 꽃은 좋은 열매를 맺어 상고 때부터 귀한 대접을 받았다. 포도는 원래 서역이 원산지로 중국에 들어온 것은 한대 이후부터라고 한다. 우리나라에 들어온 것은 언제인지 자세히 알 수 없으나 《산림경제》에 포도의 품종과 재배 기술이 서술되어 있는 점으로 보아 오래 전부터 재배된 것으로 보인다.

우리나라에서 포도 그림이 문인화의 일원으로 그려지기 시작한 것은 조선 초기부터인데, 사대부 화가로 불리던 강희안이 최초로 그렸다고 전해지고 있다. 다만 화풍은 수묵 위주의 포도 그림이었을 것으로 짐작되나 남아 전하는 작품이 없다. 또 신잠申潛이 포도를 잘 그렸다는 기록이 있지만 역시 현재 전하는 작품이 없다.

그러나 묵포도도가 본격적으로 유행하기 시작한 것은 역시 황집중黃執中이 활약하던 조선 중기에 이르러서이다. 우리나라 서화 사상 대나무 그림은 이정을 으뜸으로 쳤고, 매화는 어몽룡魚夢龍, 포도 그림은 황집중이 제일 잘 그려 이들을 일컬어 삼절이라 부른다. 그러나 사임당은 황집중보다 한 세대 앞서 묵포도를 그렸다. 사실 사임당의 〈묵포도〉는 사대부 화가들의 그늘에 가려 지금까지 알려지지 않았을 뿐이지 우리나라에서 가장 오래된 묵포도다. 간송미술관 소장의 〈묵포도〉는 사임당의 명성을 가늠케 하는 작품으로서, 황집중의 〈묵포도〉보다 30여 년 앞서 그린 것으로 주목받아야 할 작품이다.

그림이 다소 잘린 감이 없지 않으나 화면의 중심선을 따라 줄기를 내려뜨리고 하단부에 잎과 포도송이를 배치함으로써 안정감 있고 짜임새 있는 구도를 취했다. 포도송이를 부분적으로 가리는 풍성한 잎을 담묵으로 묘사하고 그 위에 농묵의 예리한 필선으로 엽맥을 처리하였다. 엽맥의 부드러운 곡선으로 인해 포도 잎의 입체감이 잘 표현되었고 또 포도 알 하나하나에 농묵의 변화를 주어 영글기 시작하는

사임당, 〈묵포도〉, 간송미술관

내실에서 꿈을 찾은 예술가, 사임당을 그리다

옥산 이우, 〈묵포도〉, 오죽헌시립박물관

포도 알과 다 영근 포도 알을 구분 지어 표현하였다.

　필치 역시 안정된 구도와 걸맞게 다소 느긋한 붓질로 유연하고 차분하게 포도의 풍치를 담아내고 있다. 여기에 발묵의 농담을 적절히 조화시키며 포도 알 하나하나를 섬세하고 정밀하게 표현한 점이나, 늙은 줄기와 막 뻗어 나가기 시작하는 신생의 줄기를 농담을 달리하며 변화시켜 표현한 것은 사임당의 예리한 관찰력과 거듭된 사생, 그리고 숙련된 필묵의 수련 없이는 불가능한 표현이다.

　한국학중앙연구원 이성미 명예교수는 사임당의 〈묵포도〉에 대해 "포도송이를 부분적으로 가리는 풍성한 잎을 담묵으로 묘사하고, 그 위에 농묵의 예리한 필선으로 엽맥을 처리한 전형적인 몰골법을 보여주며, 엽맥의 곡선으로 인해 포도 잎의 입체감이 잘 표현되었을 뿐만 아니라 나선형으로 돌돌 말리는 덩굴손의 끝부분을 탄력 있는 필선으로 율동감 있게 처리한 높은 경지의 작품"이라고 했다. 율곡도 〈어머니 행장〉에서 "포도 그림을 잘 그려 신묘한 경지에까지 이르렀다"고 한 말이 아마 이 그림을 보고 한 말이 아닐까 싶다.

　사임당의 막내 옥산 이우 또한 어머니의 솜씨를 이어받아 그림에 재주가 뛰어났다. 시·서·화·금을 다 잘하여 사절이라고도 불린 옥산 역시 어머니 사임당이 그린 것과 같은 포도 그림을 남겼다. 옥산 이우의 16세손 이창용 교수가 기증하여 오죽헌시립박물관에 소장된 옥산의 〈묵포도〉를 어머니 사임당의 〈묵포도〉와 함께 보는 것도 흥미롭다.

　사임당의 〈묵포도〉가 화면의 중앙을 가르며 줄기를 내려뜨려 아래쪽에 중심을 둔 데 비해 아들 옥산의 〈묵포도〉는 화면의 좌우와 위쪽에서 줄기를 내리고 아래쪽은 비워 두었다.

옥산의 〈묵포도〉는 전체적으로 사임당의 〈묵포도〉와 상당히 비슷한 느낌을 주지만 거기서 한 걸음 더 나아가 변화와 율동감이 느껴지는 작품이다.

우리나라 전래 자수품 중
최초로 보물이 된 사임당의 자수

수를 놓는 일은 생명을 불어넣는 일이라 했다. 수를 놓기 전에는 각각의 문양이 건조한 선으로만 존재한다. 그러나 선과 선 사이에 색색의 실이 메워지면 꽃이 피고 새가 나는 등 다양한 생명들이 존재하게 된다.

자수는 대부분 직물 위에 놓이기 때문에 그 수명도 직물과 함께하게 된다. 예로부터 '견오지천絹五紙千'이란 말이 있다. 종이는 1,000년을 가지만 비단은 500년밖에 못 간다는 뜻이다. 오래된 직물이 전해지는 경우가 그리 많지 않은 까닭이 여기에 있다. 따라서 500년 이상 된 자수품은 거의 전하지 않는다. 다만 기록에 의해 그 역사를 추정해 볼 수 있을 뿐이다.

기원전 1세기경, 부여에서는 흰 옷을 즐겨 입었으며, 나라 밖으로 나갈 때 비단에 수놓은 옷과 비단 담요를 가지고 갔다는 기록이 《삼국지》 〈위지동이전〉에 전한다. 이 기록을 통해 우리나라에서 옷에 수

사임당, 〈자수초충도(보물 제595호)〉 8폭 병풍, 동아대 석당박물관

를 놓기 시작한 것이 아주 오래 전부터였다는 것을 알 수 있다. 그러나 현전하는 대부분의 자수는 그 연대가 아무리 오래 되어도 조선시대 이전으로 거슬러 올라가지는 않는다.

자수품은 크게는 여러 폭 병풍에서부터 작게는 골무에 이르기까지 그 모양과 형태가 다양하다. 예술작품에서 생활용품에 이르기까지 어렵지 않게 볼 수 있었던 이런 전통 자수품을 이제는 쉽게 볼 수 없게 되었다. 다행히 우리나라 전래 자수품 가운데 최초로 보물 제595호로 지정된 사임당의 〈자수초충도〉 병풍에서 생활의 지혜와 전통 자수의 아름다움을 찾아볼 수 있다. 특히 물 흐르듯 유려한 선과 자연색채의 오묘한 조화로 이루어진 사임당의 〈자수초충도〉는 살아 있는 문화유산이다.

사임당의 〈자수초충도〉는 흑공단에 수를 놓은 것으로 밑그림으로는 회화성이 뛰어난 초충도를 바탕으로 하였다. 허백련은 사임당의 자수 병풍을 보고 다음과 같이 찬양하였다.

율곡 선생 어머님 사임당은 여자 중의 군자이다. 나는 평생에 부인을 숭모할 뿐 아니라 마치 자손이 조상을 대하는 것같이 했다. 이제 이 자수 병풍을 보니 그 수를 놓은 법이 어떠하다는 것은 감히 논평하지 못하나 그 그림 그리는 법에서만은 고상하고 청아한 품이 보통 도안 따위와는 견주어 말할 수 없다.

후학 양천 허백련이 손을 씻고 삼가 쓰다

사임당의 예술혼이 살아 숨 쉬고 있는 전통 자수의 고장 강릉에서 2005년 '아름답고 소중한 마음결'이라는 주제로 자수 특별전을 개최한 바 있다. 당시 전통 자수에서 한국 미를 새롭게 발견하고 그에 매료되어 조선시대 복식 자수, 병풍 자수, 불교 자수, 흉배 자수 등 다양한 분야에 걸쳐 자수품을 소장하고 있던 안영갑 교수의 수집품으로 오죽헌시립박물관에서 40여 일간 일반인에게 전통 자수의 우수성과 독창성을 소개하였다.

이를 계기로 안영갑 교수는 오죽헌 옆 창작예술인촌에 동양자수박물관을 개관하고 조선시대부터 근·현대에 이르는 수보자기, 거울보, 베갯모, 버선본집, 수저집, 바늘집, 색실누비, 궁중 자수를 비롯하여 중국, 일본 등 다양한 생활 자수품 위주로 우리 전통 자수의 우수성을 널리 알리고 있다.

붓끝에서 춤을 춘 초서 *

사임당은 신묘한 경지에까지 들어간 그림을 비롯하여 신비에 가까운 자수 솜씨를 지녔을 뿐만 아니라 글씨에서도 새로운 서풍으로 일가를 이루었다. 그래서 조선시대 이름난 선비들이 사임당을 '여중군자'요, '여류 선비'라고 부르는 데 주저하지 않았다. 우리 역사상 사대

---

* 이 내용 중 일부는 오죽헌시립박물관 발행, 《아름다운 여성, 신사임당》 중 한국학중앙연구원 이완우의 〈사임당 신부인의 초서〉를 참고하였다.

부 선비들이 여성을 이같이 평가한 예는 사임당밖에 없다.

1869년 강릉부사로 온 윤종의尹宗儀는 사임당의 글씨를 보고 "정성 들여 그은 획이 그윽하고 고상하며 또 정결하고 고요하여 사임당 신부인은 문왕의 어머니 태임의 덕을 본받고자 했음을 우러러볼 수 있다"라고 감탄했다. 또 윤종의 부사로부터 사임당의 판본 글씨를 받아 본 윤종섭尹鍾燮은 "초서 필체가 묘경에 들어 등꽃처럼 예스럽고 자체의 변화가 구름 같아 마치 하늘에 구름이 비를 만들어 베푸는 조화와 같다"고 극찬했다.

우리나라 초서풍의 서체는 16세기 전반 중국 명대 중기의 초서풍이 수용되어 유행하였는데 사임당의 초서풍은 정확히 어느 화풍을 따랐는지 분명하지 않다. 율곡도 〈어머니 행장〉에서 "어머니는 어렸을 때 경전에 통했고 글도 잘 지었으며, 글씨도 잘 썼다"라고만 밝혀 놓았기 때문이다.

조선 초기 서풍의 흐름은 명나라 조맹부趙孟頫의 송설체가 주류를 이루었으나 중종 14년1519 기묘사화 이후 왕희지王羲之의 서체가 기묘사화 때 직·간접적으로 화를 입은 기묘명현己卯名賢을 중심으로 널리 퍼졌다. 특히 조선 전기 서예 4대가의 한 사람인 김구金絿가 그 대표적 인물이다. 당시 사임당의 부친 신명화 공이 기묘명현인 이들과 친분이 두터운 데다 교류가 잦았기 때문에 사임당은 기묘명현들이 추구한 왕희지 서체에 영향을 받았을 것으로 보인다.

강원도 유형문화재 제41호로 지정된 지본묵서 〈초서〉 6폭 병풍은 오죽헌시립박물관 소장으로 6폭 모두 당나라 시인들이 지은 5언 절구이다. 첫 번째 폭은 대숙륜戴叔倫이 지은 '증이당산인贈李唐山人'이 고, 두 번째 폭은 사공서司空曙의 '금릉회고金陵懷古', 세 번째 폭은 유장 경劉長卿의 '송장십팔귀동려送張十八歸桐廬', 네 번째 폭은 대숙륜의 '희유 고명부戱留顧命府', 다섯 번째 폭은 이백李白의 '별동림사승別東林寺僧', 여 섯 번째 폭은 황보염皇甫冉의 '송왕옹신환섬중구거送王翁信還剡中舊居'라 는 제목의 시이다.

여성 특유의 유려하고 섬세한 필치로 쓴 이 〈초서〉 6폭의 글씨는 '위진고법'을 충실히 따라 명대의 초서풍을 바탕으로 쓴 것이다. 여유 로운 짜임과 어느 명필 못지않은 활달하고 거침없는 필법으로 사임당 만의 독특한 일가를 이룬 작품이다.

한국학중앙연구원의 이완우 교수는 "조선시대 여성 명필가 사임 당 신부인은 깔끔한 필획과 단아한 작풍으로 일가를 이루었으며, 그 녀의 필적은 어느 서예가의 글씨에서도 볼 수 없는 독특한 풍격을 지 녔다"고 했다.

이는 결국 조선 중기 초서의 대가로 널리 알려진 막내아들 옥산 이우에게 전해졌으며 시와 글씨로 당대를 주름잡던 옥봉玉峯 백광훈白 光勳, 송호松湖 백진남白振南 부자가 사임당의 서풍을 이어받아 이를 크 게 진작시켰다. 옥산의 글씨는 선조 임금이 지극히 아끼며 완상했고, 옥봉의 글씨에 대해서는 한문 4대가인 이정구李廷龜가 왕희지가 다시 태어났다고 했으며, 송호의 글씨는 명나라 사신 주지번이 극찬한 명

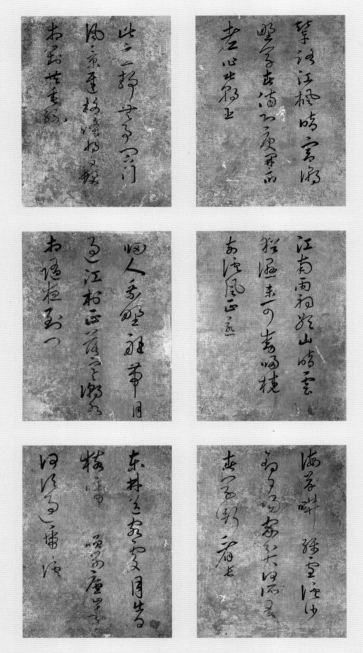

사임당, 〈초서(강원도 유형문화재 제410호)〉 6폭 병풍, 오죽헌시립박물관

필이었다.

특히 이들은 사임당의 필법에서 보이는 붓을 트는 전필에서 동그란 원필세가 뚜렷하며 붓을 꺾는 절필에서 마치 해서를 쓰듯 명료한 운필이 동일함을 발견할 수 있다. 또 점획에서도 한 글자가 시작되는 첫 획을 해서처럼 곧게 긋거나 명료하게 처리함으로써 안정되고 단정한 뼈대를 구축하는 독특한 결구법을 보이고 있다.

결국 사임당의 초서풍은 16세기 중·후반과 17세기 초에 활동했던 초서 명필들의 글씨에 지대한 영향을 끼쳤다. 이완우 교수는 "사임당은 16세기 또 다른 초서풍의 한 계통을 연 '개창자'라 하겠으며, 이우, 백광훈, 백진남 부자 등의 명필을 '사임당서파師任堂書派'라 명명해야 한다"고 했다. 심지어 초서를 잘 써서 초성으로 불린 옥산의 장인 황기로黃耆老와 조선 4대 명필의 한 사람인 석봉 한호韓濩까지 사임당의 서풍을 수용했을 정도였다.

사임당은 시·서·화에서 하나같이 옛것은 참고하되 답습하지 않았으며, 여성 특유의 섬세함과 예리한 관찰력으로 과거의 사대부 선비들과는 달리 자신만의 독특하고 고유한 영역을 개척한 당대 최고의 '여류 삼절'이라 하겠다. 사임당은 우리가 흔히 알고 있는 진정한 효녀로서, 또한 착한 아내로서, 그리고 어진 어머니로서의 면모 이외에도 시·서·화에 능한 천재 예술가이자 진정한 '여류 선비'의 모습을 온전히 갖추고 있음을 우리는 그가 남긴 작품을 통해 살펴볼 수 있다.

유기 쟁반과 비단 치마를 종이 삼아 그린 사임당의 재치

사임당은 38세 때 강릉을 떠나 서울 시댁으로 올라와 시어머니 홍씨를 도와 집안 살림을 도맡아 했다. 시댁 살림이 그리 넉넉지 않아 사임당은 씀씀이를 줄이며 꼭 필요한 지출도 여러 번 생각 끝에 시어머니와 상의한 다음에야 했다.

이 무렵 사임당의 그림 솜씨가 뛰어나다는 소문을 듣고 남편 친구들이 모여들었다. 남편은 은근히 부인의 재능을 자랑하고 싶어 부인에게 그림 한 장을 그려 달라고 부탁하였다.

그러나 사임당은 살림하는 여자가 종이를 펴 놓고 먹을 갈아 그림을 그리는 것 자체가 부담스럽게 느껴졌을 뿐만 아니라 당시 시댁의 환경도 그림 그리기에 적합하지 않은 상황이었다. 그렇지만 남편의 위신도 있고 하니 끝까지 거절할 수도 없었다.

사임당은 하는 수 없이 심부름하는 여자 아이에게 시켜 부엌에 있는 유기 쟁반을 가져오게 한 다음 거기에다 아담하게 그림 한 점을 그려 남편에게 내보냈다. 그러자 친구들이 보고 모두 감탄하며 칭찬을 아끼지 않았다고 한다.

사임당이 강릉에서 생활할 때는 이런 일도 있었다. 어느 날 이웃집 잔치가 있어 한동네 부인들이 잔치 집으로 모이게 되었다. 사임당도 잘 알고 지내는 이웃집 색시와 같이 잔치 집으로 가서 일을 도왔다.

그런데 분주히 일을 돕던 색시가 부주의로 음식물을 쏟는 바람에 입고 있던 비단 치마에 얼룩이 졌다. 색시는 안절부절 어쩔 줄 몰라 했다. 다름 아니라 그 비단 치마는 친구에게 빌려 입은 옷이었던 것이다. 더럽혀진 치마를 그대로 돌려줄 수도 없고, 그렇다고 집안 사정상 새 옷감을 사서 줄 형편도 못 되었다.

이처럼 딱한 사정을 본 사임당은 바로 색시에게 치마를 벗어 앞에 바르게 펴 놓으라 하고는 먼저 얼룩진 곳에 먹물을 찍어 포도 잎사귀를 그린 다음 운치가 돋보이게 여러 송이의 포도 그림을 치마 전체에다 그려 주었다. 이를 보고 있던 이웃집 부인들은 모두 감탄하며 칭찬을 아끼지 않았다. 옷을 싸 가지고 돌아간 색시는 포도가 그려진 치마를 비싼 값에 팔아 그 돈으로 새 비단 옷감을 사서 치마 임자에게 돌려주고도 남았다고 한다.

이처럼 사임당은 순간의 재치도 뛰어나려니와 남이 어려움에 처하자 기지를 발휘해 즉시 도와주는 고운 마음씨도 가졌던 것이다.

훗날 우암尤庵 송시열宋時烈은 "당시 사임당이 유기 쟁반에 그림을 그려 낸 것은 뛰어난 지혜였다. 만약 비단 바탕이나 종이에 그림을 그려 냈더라면 반드시 남들이 그 그림을 가지고 갈 것이기 때문에 유기 쟁반에 그린 것"이라고 했다.

제 3 장

시인 사임당

우리나라의 고유 문자가 없던 세종 때까지 여류 문학은 그야말로 희미하기 그지없었다. 훈민정음이 반포되기 이전까지 한자로의 기록이라면 여옥麗玉의 〈공후인箜篌引〉, 진덕여왕의 〈치당태평송致唐太平頌〉이 전할 뿐이다. 이후 훈민정음의 보급책으로 불전佛典의 번역 사업에 맞춘, 이른바 내간체의 시용施用은 비단 부녀자를 위해서만은 아니지만 여류 문학의 발전에 원동이 된 것은 틀림이 없는 사실이다.

《석보상절釋譜詳節》과 《월인천강지곡月印千江之曲》, 그리고 계속된 불경언해佛經諺解로 말미암아 훈민정음이 문자로 정착했고 소현 왕후에 의해 《내훈內訓》과 《여사서女四書》가 간행되어 비로소 여류 문학이

뿌리 내리게 되었다. 그러나 삼강오륜을 앞세운 남녀유별의 빗나간 가르침은 삼종지도와 칠거지악의 폐단을 낳았고 이는 결국 여성 교육의 당위성을 짓밟아 여류 문학의 부재를 가져오고 말았다.

더욱이 여성의 순종을 미덕으로 보채는가 하면 여자는 누에치기, 길쌈, 그리고 바느질에만 전념케 한 채 문자 교육은 철저하게 외면하는 바람에 여간한 천재가 아니고는 한문의 문리는 깨칠 수 없었다. 비록 어깨 너머로 배웠다 하더라도 한자로 시를 짓는다는 것은 엄두도 내기 어려웠다.

이렇듯 여성에게는 질곡의 시대에도 사임당과 같은 걸출한 여류 시인이 태어났다. 비록 7언 율시 한 수와 7언 절구 한 수가 전할 뿐이지만 이 두 시를 통해서 사임당이 추구했던 이상, 나아가 삶의 미학까지 살펴볼 수 있다.

율곡은 〈어머니 행장〉에서 "어머니께서는 어려서부터 유교 경전에 통했고, 글도 잘 지었다"라고 했다. 사임당은 학문이 높았던 아버지 신명화와 어머니 용인이씨, 그리고 외할아버지, 외할머니로부터 일찍이 학문과 예술을 익히고 배웠던 것으로 보인다. 딸만 다섯이었던 집안의 둘째 딸 사임당은 총명하여 부모로부터 귀여움을 독차지하며 어린 시절을 보냈다.

19세에 이원수에게 시집갈 때 아버지 신명화는 사위에게 "내가 딸이 많은데 다른 딸은 시집을 가도 서운하질 않더니 자네 처만은 내 곁을 떠나보내고 싶지 않네 그려"라고 했다. 둘째 딸에 대한 애정이 남달랐음을 알 수 있다. 이런 부모의 각별한 보살핌 덕에 사임당은 학문과 예술적 소질을 계발할 수 있었을 것으로 보인다.

대관령을 넘으며

사임당은 서울로 출가는 하였지만 홀로 계신 친정어머니를 위해 천리 길을 멀다 않고 서울과 강릉을 오르내리며 시댁 살림과 친정어머니를 보살폈다. 당시의 상황에 대해 율곡은 이렇게 썼다.

"자당慈堂께서 임영臨瀛으로 근친覲親을 가셨는데 돌아오실 때에 자친과 울면서 작별하고 대관령 중턱에 이르러 어머니 계신 곳을 바라보고 '백운白雲의 생각'을 견딜 수 없어 가마를 멈추게 하고 한동안 쓸쓸히 눈물을 짓다 다음과 같은 시를 지으셨다."

바로 7언 절구 〈대관령을 넘으며 친정을 바라보다踰大關嶺望親庭〉이다.

慈親鶴髮在臨瀛	늙으신 어머님을 고향에 두고
身向長安獨去情	외로이 서울로 가는 이 마음
回首北村時一望	이따금 머리 들어 북촌을 바라보니
白雲飛下暮山靑	흰 구름 떠 있는 곳 저녁산만 푸르네

–《율곡전서》 권18

당시 사임당은 38세, 친정어머니는 62세, 서울로 함께 간 율곡은

6세였다. 제1구와 2구에서는 백발이 되신 어머니를 홀로 두고 어쩔 수 없이 서울 시댁으로 돌아가야 하는 외롭고 서글픈 마음을 담았다. 제3구와 4구에서는 대관령 구비를 돌 때마다 어머니 계신 곳을 바라보았으나 어머니 계신 곳은 아득하고, 다만 보이는 저물어 가는 북평촌엔 흰 구름만 떠 있을 뿐이라고 했다.

제4구의 '백운'은 '백운지사白雲之思' 혹은 '백운고비白雲孤飛'라고도 하는데 중국 당나라 때 적인걸狄仁傑이라는 효자의 이야기에서 유래한 것이다. 적인걸이 산서성 태원부 법조참군으로 임명되어 갈 때 대행산大行山 꼭대기에 이르자 일행들에게 말을 세우게 하고 흰 구름 덮인 곳을 바라보며 "저 구름 아래 우리 어머니가 계신다"라 하고 오랫동안 섰다가 그 구름이 다 옮겨간 뒤에 그곳을 떠났다고 한다.

그러므로 여기서의 백운은 어머니를 그리는 대명사로 이 시의 핵심이다. 사임당은 이미 《당서적인걸전唐書狄仁傑傳》을 읽고 여기에 실려 있는 '백운고비白雲孤飛'를 의취意取했다. 사임당을 여류 시인이라 하는 까닭도 이렇게 감쪽같이 둘러맞추는 '천의무봉天衣無縫'의 재치가 있었기 때문이다. 이미 남이 쓴 사화詞華라고 망설이다가는 한 구도 지을 수 없는 것이 한시이니 도리가 없다. 따라서 중국의 시나 우리의 고시古詩를 되베끼어 쓰되 새로운 감각을 자아내게 꾸미는 재치가 명인名人과 범인凡人의 차이이다. 제4구 '백운비하모산청'은 경치를 빌려 자신의 정을 담은 '경중유정景中有情'으로 함축부진含蓄不盡의 맛이 넘친다.

그리운 어머니

7언 율시 〈어머님을 그리며[思親]〉는 지은 연대는 밝혀지지 않았으나 사임당이 시댁인 서울로 올라와 친정어머니를 그리며 지은 시이다.

千里家山萬疊峰	산은 첩첩 내 고향 여기서 천리
歸心長在夢魂中	꿈에서도 오로지 어머니 생각
寒松亭畔孤輪月	한송정 언덕 위에 외로이 뜬 달
鏡浦臺前一陣風	경포대 앞에는 한 줄기 바람
沙上白鷗恒聚散	갈매기는 모래톱에 헤어졌다 모이고
海門漁艇任西東	고깃배는 바다 위를 오고 가겠지
何時重踏臨瀛路	언제쯤 강릉 길 다시 밟아 가
更着斑衣膝下縫	색동옷 입고 어머니 곁에서 바느질할꼬

— 《덕수이씨가승德水李氏家乘》

시상詩想이 비단결같이 고와 사임당이 아니고는 그릴 수 없는 명작이다. 많은 시를 남겨야만 시인으로 대접받는 것이 아니다. 이와 같이 한 편의 시로도 얼마든지 작자의 시 세계를 가늠할 수 있을 뿐만 아니라 시인으로서의 면모를 살필 수 있다.

'가산家山'은 고향산천으로 '만첩萬疊'으로 표현해 아득히 먼 거리임을 나타내었고, '귀심歸心'은 자주 오갈 수는 없지만 마음만은 늘 어머님 곁에 있다는 것을 의미한다. '한송정'과 '경포대'는 강릉 문화의 발상지로 사임당이 어린 시절 어머니와 손잡고 한 번쯤 거닐어 본 곳이기에 그때를 회상한 것이다. 또 바닷가 모래사장 위로 갈매기 가족이

무리를 지어 날아올라 흩어졌다 다시 모이는 정경과 고깃배가 자유롭게 바다 위를 오가는 장면을 머릿속에 그려 보았다. 이는 정겹게 노니는 '갈매기[白鷗]'와 자유롭게 오가는 '고깃배[漁艇]'보다 못한 자신의 처지를 되돌아보며, '갈매기'와 '고깃배'를 통해 사임당 자신의 마음의 위안을 얻고자 하였음을 볼 수 있다.

한낱 미물에 불과한 '갈매기'지만 흩어졌다 다시 모이고 모였다가는 다시 흩어지는 장면을 마치 자신의 다섯 자매가 가족들과 함께 어머니 곁에 모였다 다시 헤어지고, 헤어졌다 다시 모이는 모습처럼 그렸고, '고깃배'를 통해서는 시댁에 매인 몸이긴 하지만 자유롭게 오가는 '고깃배'처럼 어머니 곁을 오갈 수는 없을까라는 바람을 가져 본 것이다.

서울에서 바라보았을 때 동해바다의 '고깃배'는 분명 남과 북으로 오간다. 그러나 사임당은 바다 위를 오가는 배를 왜 남과 북으로 표현하지 않고 '서동西東'이라 했을까? 이는 자신이 있는 서쪽 시댁과 어머니가 계시는 동쪽 친정을 비유한 것이다. 서쪽에 있는 자신이 동쪽에 계시는 어머니께 자유롭게 오갔으면 하는 바람을 표현한 것이다. 사물에 의탁해 자신의 마음을 드러낸 사임당의 재치가 묻어나는 '탁물우의托物寓意'이다.

결론에서는 '갈매기'와 '고깃배'만도 못한 자신의 처지를 못내 아쉬워하며 언제 또다시 어머니 계신 곳으로 가 어린 그 시절처럼 색동옷 입고 어머니 앞에서 재롱도 부리며 정답게 바느질도 해 보겠느냐는 하소연이다. '반의斑衣'는 색동저고리로 어버이를 기쁘게 해 드린다는 의미로 쓰였다. 중국 초나라에 '노래자老萊子'라는 효자가 있었는데 나이가 70이 되어도 색동저고리를 입고 부모님 앞에서 어린아이처럼 재롱을 부려 부모님을 기쁘게 해 드렸다고 한다.

'색동저고리'는 효심을 상징하는 옷이다. 그래서 예부터 우리도 첫돌 때 색동저고리를 입고 재롱을 부리는 아이에게 박수를 쳐 주며 좋아했다. 이같이 색동저고리를 입힌 이유는 비록 지금 너의 나이 한 살이지만 네가 훗날 70세가 되어도 노래자와 같이 색동저고리를 입고 재롱을 부리며 부모님을 기쁘게 해 드려야 한다고 해서 너도 나도 입힌 옷이다.

유형의 '산봉우리'로 시심을 일구어 무형의 '꿈'으로, 다시 유형의 '달'에서 무형의 '바람'으로 나들다 다시 백사장의 '갈매기'와 '고깃배'에 자신의 마음을 실었다. 그야말로 '경중유정景中有情', '시중유화詩中有畵' 그대로다. 얼핏 보면 경어景語로 짜인 것 같으나 정을 담았고, 사물을 표현한 것 같으나 실은 자신의 꿈을 담았다. 꾸미려 들지 않아 자연스러우며 함축이 넘치는 시어詩語에다 대우對偶 또한 월등해 성당시인盛唐詩人을 능가하는, 손색이 없는 작품이다.

사임당의 〈어머님을 그리며〉 7언 율시는 한국과 중국의 한시를 통틀어 짝할 만한 작품이 없을 정도이다. 만약 과거시험에서 '사친思親'을 시제試題로 7언 율시를 지으라고 한다면 사임당의 이 작품은 아마 장원으로 뽑히고도 남았을 것이다.

사임당의 시는 비록 〈어머님을 그리며〉 7언 율시와 〈대관령을 넘으며 친정을 바라보다〉 7언 절구 두 수밖에 남아 전하는 것이 없지만 이 두 수의 시는 가슴속에 느낀 감정을 한 점 꾸밈없이 자연스럽게 표현해 내었음에도 한시의 품격을 나타내는 격률절조格律絕調가 완벽하여 여류시의 백미라 할 수 있다.

사임당의 시가 두 수밖에 전하지 않는 것에 대해서는 "비록 시가 두어 수밖에 되지 않지만 한 덩어리의 고기로도 전체 솥 안의 고기 맛을 낼 수 있듯이 하필 많아서야 맛이겠는가[雖詩僅數首 可以一臠之全鼎 何必多乎哉]"라 했다. 많은 작품을 남겨야 시인으로 대접받는 것은 아니다. 한 편의 시로도 얼마든지 작자의 시재詩才는 물론 시인으로서의 면모를 살펴볼 수 있기 때문이다.

사임당의 효심이 '하늘에서 나왔다'고 한다면 그의 시심은 '자연에서 나왔다'고 할 수 있다. 결국 애틋한 효심을 시로 승화시킨 사임당이 당대 최고의 여류 시인이었음은 굳이 '글도 잘 짓고 글씨도 잘 썼다'라고 한 율곡의 말을 빌리지 않더라도 이 두 수의 시만으로도 입증되고 남는다 하겠다.

제2부

어머니 사임당

그 어머니에 그 아들,
율곡 이이

떡잎부터 다른 아이

사임당이 율곡을 잉태할 때의 꿈 이야기가 있다. 하루는 사임당이 동해 바닷가에 이르자 곱게 단장한 선녀가 갑자기 바닷속에서 피부가 백옥같이 흰 옥동자를 안고 나와 사임당의 품에 안겨 주었다.

사임당이 이 꿈을 어디에서 꾸었는지는 정확히 전해지지 않는다. 다만 여러 정황으로 미루어 볼 때 1535년 사임당이 32세 때 지금의 평창 봉평 판관대에서 이 꿈을 꾸었고, 그때 율곡을 잉태한 것으로 보인다. 의암義菴 유인석柳麟錫을 비롯하여 면암勉庵 최익현崔益鉉 등 당시 율곡의 학맥을 이은 많은 선비들이 남긴 글이나, 또 그 같은 사실을 기리기 위해 봉산서재蓬山書齋라는 재실을 지어 해마다 제향祭享을 올리는 것을 보면 알 수 있다.

사임당은 율곡을 낳을 때에도 꿈을 꾸었다. 1536년 음력 12월 26일, 사임당은 검은 용이 동해 바다에서 나와 자신이 자는 방 처마 밑, 문 머리에 서려 있는 꿈을 꾸고 율곡을 낳았다. 이원수와의 사이에 둔 7남매 중 셋째 아들이었다. 꿈에 용을 보았다고 해서 어릴 때는 '현룡見龍'이라 불렀다. 이름은 '이珥'요, 파주 선대가 살던 고을 이름을 따서 호를 '율곡栗谷'이라 했다.

율곡은 어려서부터 총명한 데다 어머니의 알뜰하고 자상한 가르침을 받아 하루가 다르게 학업을 성취해 나갔다. 햇볕이 유난히 따사로운 어느 가을날 외할머니는 어린 외손자를 업고 뜰을 거닐고 있었다. 그때 외할머니가 담장 옆에 탐스럽게 익어 주렁주렁 매달린 석류를 보았다. 외할머니는 석류를 가리키며, "아가야, 저것이 무엇과 같으냐?"라고 물었다. 현룡은 초롱초롱한 눈으로 외할머니의 손끝을 쳐다보다가, "석류 껍질 속에 빨간 구슬이 부서져 있네[石榴皮裡碎紅珠]"라는 옛 시를 들어 대답하였다. 외할머니는 신기하기도 하고 대견스럽기도 하여 등에 업었던 손자를 덥석 안았다. 12월 26일 태어났으니 만 나이로는 채 두 살이 안 된 때의 일이다. 율곡은 말을 배우자 글을 읽을 줄 알았으며, 어머니에게 한 번 배우거나 들은 것은 잊어버리지 않았다고 한다. 대개 재주가 뛰어나면 행동거지는 가벼운 법인데 어린 율곡은 그렇지 않았다.

율곡이 다섯 살 되던 해 어느 여름날, 갑자기 소나기가 쏟아져 순식간에 앞 시냇물이 불어나 흙탕물이 거세게 흘러넘쳤다. 그때 동네 사람 하나가 그 시냇물을 아슬아슬하게 건너오는데 자칫하면 흙탕물에 휩쓸려 떠내려갈 위급한 지경이었다. 동네 사람들은 장난기 어린 눈으로 그 모습을 바라보며 그 사람이 넘어질 듯 기우뚱거릴 때마다 손뼉을 치며 웃어 댔다. 그러나 어린 율곡은 사랑채 마루 기둥을 끌어안고 안타까워하다 그 사람이 무사히 건너자 안도의 한숨을 내쉬었다고 한다.

또 어머니가 병환으로 위급한 지경에 이르자 집안 사람들은 모두 어쩔 줄을 모르고 근심에 싸여 있는데 율곡은 외할아버지 사당에 꿇어앉아 어머니 병환을 빨리 낫게 해달라고 기도를 하고 있었다. 이렇듯 율곡은 어린 시절부터 매우 조숙하고 효성 또한 지극하였다.

율곡은 강릉 외가에서 태어나, 여섯 살 되던 해 어머니를 따라 서울로 올라갔다. 그때 어머니가 눈물을 흘리며 외할머니와 헤어지는 것을 보았다. 그리고 그렇게 헤어졌던 어머니가 대관령 중턱까지 왔을 때 외할머니가 계신 곳을 바라보고, 눈물을 지으며 시를 짓는 것을 보았다. 이러한 모습을 통해 율곡은 자연스럽게 외할머니에 대한 어머니의 지극한 효성을 보고 배웠던 것이다.

서울로 올라온 율곡은 일곱 살 때 벌써 유교 경전인 사서삼경四書三經을 모두 읽고 터득하였다. 물론 타고난 총명도 있었겠지만 어머니의 자상한 보살핌과 밤낮을 가리지 않는 꾸준한 노력 덕도 컸다. 우리가 흔히 율곡을 얘기할 때 그의 천재성을 말하지만 그것은 율곡의 노력이 뒷받침되었기에 가능한 일이었다.

여덟 살 때에는 선대 할아버지가 지어 놓은 경기도 파주 화석정花石亭에 올라, 〈화석정〉 5언 율시를 지었는데 그 격조가 높아 시율에 능한 사람도 따를 수 없을 정도라 하였으니, 율곡의 시재를 방증하는 좋은 예이다.

林亭秋已晚	수풀 속 정자에 가을 저물어
騷客意無窮	시인의 시상은 끝이 없구나
遠水連天碧	하늘과 잇닿아 물빛 파랗고
霜楓向日紅	서리 맞은 단풍은 해를 받아 붉다
山吐孤輪月	산 위에 둥근 달 솟아오르고
江含萬里風	강물은 불어오는 바람을 머금네
塞鴻何處去	변방의 기러기 어디로 가는지
聲斷暮雲中	저무는 구름 속 소리 끊어져

이 5언 율시는 인구에 회자된 격조 높은 시로 과연 율곡의 나이 8세에 지었는지를 논하는 사람이 많으나 《율곡전서》에 엄연히 율곡 8세작으로 되어 있으니 의심의 여지가 없다.

아홉 살 때에는 옛 조상들의 훌륭한 행실을 그려 놓은 이륜 행실도二倫行實圖를 보고, 형제들이 부모를 받들고 함께 살아가는 그림을 그려 벽에 붙여 놓고 늘 바라보곤 하였다.

열 살 때에는 경포대에 올라 〈경포대부鏡浦臺賦〉를 지어 세상 사람들을 놀라게 했다. 그는 또 효심이 지극해 이웃 사람들로부터 칭찬을 많이 들었다. 열한 살 때 아버지가 병환으로 눕자 팔을 찔러 피를 내어 약으로 드린 다음, 사당으로 달려가 엎드려 울면서 조상께 기도를 드렸는데, 어린 율곡의 효성에 하늘도 감동하였는지 아버지의 병환이 씻은 듯이 나았다고 한다.

그러는 사이 학문은 날로 성취되어 갔으며, 마침내 열세 살 때에는 나이 든 어른들도 어렵다는 진사 시험에 장원으로 올라 주위 사람들을 놀라게 하였다. 이렇듯 율곡은 타고난 총명에 꾸준한 노력, 사랑 넘치는 어머니의 정성 어린 교육 등 비교적 안정된 환경 속에서 서울이라는 넓은 세계에 대한 호기심을 충족시키며 낭만과 사색이 가득한 청년기를 보낼 수 있었다.

그러던 중 율곡은 인생에서 가장 큰 비극을 만났다. 열여섯 살 때였다. 율곡은 세금으로 거둔 곡식을 뱃길을 통해 서울로 실어 나르는 일을 맡아 보던 수운판관인 아버지를 돕기 위해 큰 형 선璿과 함께 길을 따라나섰다. 임무를 마치고 돌아오던 중 한강 마포 나루에 이르렀을 때 어머니가 돌아가셨다는 소식을 들었다.

율곡은 하늘이 무너지는 것 같았다. 사랑하는 어머니의 최후조차 지켜보지 못한 율곡은 가슴속에 한을 간직한 채 슬픔과 통곡 속에 예를 다하여 파주 두문리 자운산 자락에 어머니를 모셨다.

율곡은 어머니 묘 곁에 움막을 지어 놓고 정성을 다해 어머니의 영혼을 섬겼다. 밤낮으로 상복을 입은 채 자신의 몸은 일체 돌보지 않았고, 음식 장만이나 설거지도 하인에게 시키지 않고 손수 마련하는 등 살아 계실 때와 똑같이 섬겼다. 그리고 3년이 지나 자운산을 내려왔다.

그러나 3년이 지났지만 무엇 때문에 그토록 착하고 아름답고 슬기로웠던 어머니가 젊은 나이로 삶을 마쳐야 했는지 도저히 납득이 가지 않았다. 생각하면 할수록 인생의 무상이 가슴속으로 저며왔다.

율곡은 그때마다 '인생이란 어디에서 와서 어디로 가는 것인가? 왜 울고, 웃고, 고뇌하고, 번민해야 하는가? 시간이란 무엇이며, 세월과 인생은 무슨 관계가 있는 것인가?' 끊임없는 의문을 던지며 해답의 실마리를 찾으러 온갖 유교 경전을 다 뒤져 보았지만 헛일이었다. 자신을 사랑해 주고 가르쳐 주고 앞날의 등불까지 밝혀 주시고자 했던 어머니를 한 번만이라도 좋으니 만나 뵐 수 있었으면 하는 심정으로 애절하게 빌고 통곡하고 생각해 보았지만 가슴만 더 미어지는 것이었다.

율곡은 그토록 자상하던 어머니가 갑자기 세상을 떠나자 한동안 삶을 포기할 정도로 극심한 마음의 공황 상태에 있었다. 현실을 받아들이고 마음을 추슬러 예를 다하여 어머니 장례를 치른 뒤 3년 동안 묘 옆에 움막을 짓고 살아 계실 때와 똑같이 모셨지만 3년이 지나도 어머니의 죽음이 도저히 믿기지 않았다. 그러자 마음의 위안을 삼을 겸 16년 동안 어머니와 같이 지내며 보고 느낀 사실을 글로 남겨 후세에 알려야겠다고 생각하고 눈물로 먹을 갈아 〈어머니 행장〉을 지었다. 그 내용은 다음과 같다.

어머니의 휘諱는 모某로 진사 신명화의 둘째 딸이다.
어렸을 때에 경전經典에 통했고, 글도 잘 지었으며, 글씨도 잘
썼다. 또한 바느질도 잘하고 수놓기까지 정묘하지 않은 것이
없었다. 게다가 타고난 품성이 온화하고 얌전하였으며 지조가
정결하고 거동이 조용하였으며 일을 처리하는 데 빈틈이
없었다. 뿐만 아니라 자상스러웠으며, 말이 적고 행실을 삼가고
또 겸손하였으므로 아버지 신공이 사랑하고 아꼈다.
성품이 효성스러워 부모가 병환이 있으면 안색이 슬픔에
잠겼다가 병이 나은 뒤에야 다시 처음으로 돌아갔다.

신혼을 치른 지 얼마 안 되어 부친 신공이 세상을 떠나자 상을
마친 뒤 서울 시댁으로 올라가 신부의 예로써 시어머니 홍씨를
뵈었다. 어머니는 몸가짐을 함부로 하지 않고 말을 함부로
하지도 않았다. 하루는 친척들이 모인 잔치 자리에서 여자
손님들은 모두 이야기하며 웃고 떠들었으나 어머니만 말없이
앉아 있자 홍씨가 어머니를 가리키며,
"새 며느리는 왜 말이 없는가?"라고 하자
무릎을 꿇고 대답하기를,
"여자의 몸으로 문 밖을 나가 본 적이 없는데 무슨 말을
합니까?"라고 했다.
그러자 같이 있던 사람들이 모두 부끄러워했다.

아버지는 성품이 호탕하여 세간살이를 돌아보지 않았으므로
가정 형편이 매우 어려웠는데 어머니께서 절약하여 윗분을
공양하고 아랫사람을 보살폈다. 모든 일을 맘대로 한

적이 없고 반드시 시어머니에게 고하였다. 그리고 시어머니 앞에서는 시중드는 여종도 꾸짖는 일이 없고 말씀은 언제나 따뜻하고 안색은 항상 온화했다. 아버지께서 어쩌다가 실수가 있으면 반드시 간하고 자녀가 잘못이 있으면 훈계를 하여 고치도록 하였다.

어머니는 평소에 외할머니가 계신 임영臨瀛을 그리워하여 밤중에 사람 기척이 조용해지면 눈물을 흘리며 울고 어떤 때에는 새벽이 되도록 잠을 이루지 못하였다. 어머니는 평소 묵적墨迹이 뛰어났는데 7세 때 안견의 그림을 본보기 삼아 산수도를 그린 것이 아주 절묘하다. 또 포도 그림을 그렸는데 세상에 흉내 낼 수 있는 사람이 없다. 그리고 그림을 모사한 병풍이나 족자가 세상에 많이 전해지고 있다.

– 《율곡전서》 권18

율곡이 쓴 〈어머니 행장〉으로 인해 오늘날 사임당이 온화한 천품, 정결한 지조, 현숙한 부인, 그리고 학문은 물론 시·서·화·자수에 이르기까지 모두 뛰어나고 정묘하여 우리 역사상 최고의 여류 예술인임이 세상에 알려지게 되었다. 만약 이 행장이 없었더라면 율곡의 어머니는 평산신씨로만 알려졌을 것이며, 남아 전하는 주옥 같은 시·서·화 작품들이 제 평가를 받기는커녕 한낱 골동품에 지나지 않았을 것이다.

부지런히 갈고 닦은 학문의 길

율곡은 어머니의 3년 상을 마치고 열아홉 살 되던 해, 동대문을 나와 철원 보개산을 거쳐 단발령을 넘어 금강산으로 들어갔다. 금강산에 들어가 불교 경전을 깊이 연구하면 혹시나 돌아가신 어머니를 만날 수 있지나 않을까 하는 생각도 있었지만 무엇보다 유교와 불교에 대한 공부를 함께 하여야 훗날 깊이 있는 학문을 성취할 수 있으리라 믿었기 때문이다. 또 평소에 금강산을 한번 보기를 소원처럼 여기기도 하였다.

율곡은 금강산에 들어가 불교 경전을 공부하는 한편, 금강산 지리에 밝은 스님을 길잡이 삼아 내금강, 외금강 구석구석을 돌아보며 몸소 체험하였다. 이렇게 1년 남짓 온갖 어려움을 무릅쓰고 금강산을 돌아보면서 유교와 불교 경전을 연구한 뒤 금강산을 내려왔다. 그리고는 금강산 구석구석을 돌아보았던 경험을 되살려 금강산 전체 모습을 소상히 밝힌 금강산 답사기, 600구 3,000마디의 장시長詩〈풍악행風岳行〉을 써냈다.

지금까지 알려진 금강산 기행 시문은 대부분 말이나 가마를 탄 채 금강산을 돌아보고 쓴 데다 답사 기간이 짧아 주마간산식으로 이루어진 것이었다. 그렇기 때문에 금강산의 참모습을 맛보기에 부족한 것이 사실이다. 그러나 율곡은 1년 남짓, 그것도 금강산 지리에 밝은 스님의 안내로 구석구석을 돌아보았기 때문에 그의 기행 시문은 다른 금강산 기행문과는 비교가 되지 않는다.

앞으로 율곡과 같은 대문장가가 다시 나온다 하더라도 요즘과 같이 짧은 탐승探勝 기간에, 그것도 내·외금강 전체를 개방하지 않는 한 이와 같은 답사기를 다시 써내기는 어려울 것이다. 율곡은 이 〈풍악행〉에서 "금강산은 하늘에서 떨어져 나왔지 속세에서 생겨난 산이 아니다"라고 극찬했으며, "눈으로 보았지 말이나 글로는 도저히 표현하기 어렵다"라고도 했다.

후세 사람들은 율곡의 〈풍악행〉이야말로 금강산을 앉아서 바라볼 수 있는 것이라고 했으며, 율곡 자신의 속 깊은 철학이 담겨 있다고 했다. 또 3일 밤낮으로 위험한 고비를 수없이 넘기며 오른 정상이지만 '정복征服'이라 하지 않고 "더 이상 오를 곳이 없구나!"라고 하였다. 이렇듯 율곡은 자연을 경외의 대상으로 우러렀으니 산 정상에 올라서 산을 '정복했다'고 외치는 오늘날 우리의 자연 경시 풍조와는 대조적이라 할 수 있다.

결국 율곡은 금강산에 들어가 앞에서도 찾아볼 수 없고, 뒤에서도 흉내 내지 못할 기행 시문의 백미 〈풍악행〉을 써냈다. 특히 유학적 지식을 바탕으로 한 불교적 소양은 훗날 그의 학문 세계의 폭과 깊이를 심화시키는 데 큰 보탬이 되었다. 그러나 율곡은 불교보다 오히려 유교에 성인聖人이 되는 길이 있고, 또 남을 위해 일할 수 있는 길이 있다는 것을 깨닫고 1년 만에 금강산에서 내려왔다.

금강산에서 내려온 율곡은 서울로 돌아오자 곧바로 강릉 북평촌에 계시는 외할머니를 찾아뵈었다. 외할머니는 눈물을 글썽이며 기뻐

하였고, 포근한 사랑으로 율곡을 감싸며 다독거렸다. 율곡은 새로운 출발을 다짐하는 의미에서 외할머니 앞에서 스스로를 경계하는 글이라는 제목으로 〈자경문自警文〉을 지었다.

첫째,　　먼저 뜻을 크게 갖고 성인을 기준으로 삼아 나도
　　　　끝까지 성인이 될 수 있다는 신념을 갖는다.
둘째,　　마음을 가다듬어야 말이 적게 된다. 꼭 말할 때가 된
　　　　뒤에 말을 한다면 말이 간략해지지 않을 수 없다.
셋째,　　마음은 곧 살아 있는 물건이나 마찬가지이기 때문에
　　　　언제나 차분한 마음을 갖는다.
넷째,　　새벽에 일어나서는 아침에 할 일을 생각하고, 식사
　　　　후에는 낮에 할 일을 생각하고, 잠잘 때에는 내일 할
　　　　일을 생각한다.
다섯째,　일이 있으나 없으나 항상 도리에 맞는 일만을 생각하고
　　　　그런 다음에 글을 읽는다.
여섯째,　글을 읽을 때는 항상 실천할 것을 먼저 생각하고
　　　　읽는다.
일곱째,　이익과 명예에 사로잡히지 아니하고 탐내는 마음을
　　　　갖지 않는다.
여덟째,　천하를 다 준다고 해도 옳지 않은 일은 하지 않는다.
아홉째,　한 집안이 화목하지 않은 것은 나의 성의가 부족한
　　　　탓이다. 성의를 극진히 하여 항상 집안이 화목해지도록
　　　　힘쓴다.
열째,　　잠잘 때와 병들었을 때가 아니면 눕지 않고, 낮잠은
　　　　절대로 자지 않는다.

열한째, 공부는 늦추어서도 안 되고 서둘러서도 안 된다. 죽은
뒤에야 그만둘 따름이니 만약 공부의 효과를 급히
구하면 이 또한 이욕利慾을 추구하는 마음이다.

열두째, 만약 이와 같이 하지 않고 부모에게 물려받은 이 몸을
욕되게 하면 이는 사람의 자식이 아니다.

-《율곡전서》권14

이와 같이 외할머니 앞에서 자신의 비장한 결심을 〈자경문〉으로
지어 보인 율곡은 오로지 이를 실천하는 데만 전념하기로 하였다.

23세 되던 해, 율곡은 예안 도산으로 가서 퇴계 이황李滉 선생을
찾아뵙고, 시를 주고받으며 학문을 물었다. 그때 율곡보다 35세 위인
대선배 이황은 '율곡은 사람됨이 명랑하고 시원스러우며 지식과 견문
을 쌓으면 얼마나 진보될지 모르는 참으로 두려운 인물'이라고 했다.

당시 율곡은 퇴계 선생에게 다음과 같이 5언 율시를 지어 올렸다.

溪分洙泗派　시냇물 사수에서 나누어 오고
峰秀武夷山　무이산 봉우리 빼어났어라
活計經千卷　생활의 계책으론 경서뿐이고
生涯屋數間　평생에 초라한 집 두어 칸이라
襟懷開霽月　가슴에 품은 회포 갠 날 달 같고
談笑止狂瀾　청담은 세찬 물결 그치게 하네
小子求聞道　소자는 도를 구해 들음에 있지
非偸半日閑　반나절 허비하러 온 게 아니오

젊은 율곡이 동방의 유종儒宗이라 일컫는 석학碩學을 기림이 이와 같았다. 퇴계 선생도 젊은 선비가 동량지재棟樑之材가 엿보이기에 7언 율시로 화답했다.

病我牢關不見春	병도 깊고 문도 닫혀 봄 못 봤는데
公來披豁醒心神	그대 와서 심신 뚫어 꿈 깨듯 했네
始知名下無虛士	이름 아래 헛된 선비 아님을 알고
堪愧年前闕敬身	지난날이 부끄러워 몸 둘 바 없네
佳穀莫容稊熟美	포기 찬 곡식 숲엔 잡초가 없고
遊塵不許鏡磨新	갈고 닦은 새 거울엔 티가 없는 법
過情詩語須刪去	실정에 지나치는 시 말일랑 버리고
努力功夫各自親	성학에 공을 들여 학문이 새로워지세

– 《율곡전서》 권33

퇴계 역시 35세 연하인 율곡에게 흉금을 터놓았던 것이다. 또 율곡이 도산에서 돌아온 뒤에도 퇴계 선생은 편지를 써서 보내 왔는데, "세상에 영재가 어찌 한정이 있겠는가, 다만 옛 사람의 학문에 전념하기를 좋아하지 않기 때문인데 그것은 온 세상이 다 그러한 실정이네. 그대 같은 이는 재주가 높은 데다 젊은 나이에 올바른 길로 출발하였으니 후일 성취되는 바가 어찌 한량이 있겠는가!"라 하였다. 율곡도 편지로 자주 학문을 물었다. 당시 우리나라 유학의 쌍벽을 이루는 두 사람이 이처럼 만났다는 것은 괄목할 만한 일이었다.

율곡은 퇴계를 방문하고 돌아오는 길에 선산善山 매학정梅鶴亭에 들러 당시 초서의 대가이던 고산孤山 황기로黃耆老를 찾아뵈었다. 이것이 인연이 되어 후일 아우 옥산 이우가 황기로의 딸과 혼인하게 되었으며, 옥산이 초서의 대가가 된 계기가 되었다.

청백리 벼슬길

율곡은 스물아홉 살이 되던 해 과거에 장원으로 급제하여 첫 벼슬로 지금의 기획재정부 과장에 해당하는 호조좌랑에 임명되었다. 이때를 전후해 율곡은 나라에서 실시한 크고 작은 시험에서 아홉 번이나 장원을 했다. 그런 이유로 그가 말을 타고 거리에 나가면 아이들은 말을 에워싸고 '아홉 번을 장원한 분[九度壯元公]'이라고 손뼉을 치며 따랐다. 서른 살에는 예조좌랑으로 자리를 옮겼으며, 그 뒤 사간원 정언에 임명되었다.

율곡은 호조판서를 두 번, 이조판서를 두 번, 형조판서, 청주목사, 황해도 관찰사 등 수많은 내·외직 벼슬을 지내면서 나라와 겨레를 위해 일생을 바쳤다. 바른말을 아뢰는 자리에 있을 때 율곡은 임금에게 "마음을 바로잡아 정치의 근본을 세우고, 어진 사람을 뽑아 조정을 깨끗이 하며, 백성을 안정시켜 국가의 근본을 튼튼히 해야 한다"고 하였다. 지방 수령들이 옛 관습에 젖어 백성을 못살게 하자 "새로운 임금이 들어섰으니, 새로운 제도로 지방 수령을 뽑아 백성을 보살피게 하자"고 판서들에게 건의하였다. 그러나 관리들이 대답만 해 놓고 시행을 하지 않자, "기득권의 고질병은 정말로 고치기가 어렵다"라고 탄식하였다.

　율곡이 이조좌랑으로 있을 때이다. 강릉 외할머니의 병환이 위중하다는 소식을 들은 율곡은 벼슬을 버리고 강릉으로 내려왔다. 외할머니는 율곡이 어렸을 때 길러 주었고, 또 병간호할 자식을 두지 못했기 때문에 율곡이 병간호를 하기 위해 내려왔던 것이다.

　그러나 당시 율곡을 시기하고 질투하던 관리들은 "벼슬을 버리고 외할머니를 뵈러 가는 것은 법전에도 없는데 마음대로 직무를 버린 것이 되니 율곡을 파직시켜야 한다"고 야단들이었다.

　이 소식을 들은 선조는 "아무리 외할머니라고 하더라도 정이 간절하면 어찌 가 보지 않을 수 있겠느냐! 효행에 관계된 일을 가지고 파직을 시키다니 어찌 말이 되느냐?"라며 도리어 꾸짖었다.

　강릉으로 내려온 율곡은 외할머니의 병환이 조금 나아지자 시간을 내어 지금의 소금강을 둘러보았다. 소금강을 둘러본 율곡은 "이토록 좋은 산이 왜 아직 알려지지 않았을까?"라고 안타까워하며, 산 이름을 청학산靑鶴山이라 지었다. 그리고 산봉우리와 바위 이름도 새롭게 짓고, 〈청학산을 유람하면서〉라는 기문記文을 지어 후세 사람들에게 알렸다.

　다음해에 나라에서 벼슬을 내리며 빨리 올라오라 하기에 올라갔다가 다시 또 벼슬을 내놓으며, 외할머니를 돌볼 수 있도록 해 달라고 임금에게 간청하였다. 그러자 임금은, "벼슬길에 있다 하더라도 오가면서 돌보아 드릴 수 있는데 굳이 벼슬을 내놓을 필요까지 있겠는가?"라며, "외할머니를 찾아가 뵙는 일은 비록 법에는 없다 할지라도 율곡으로 하여금 특별히 다녀오도록 하는 것이 좋겠다"라고 관련 부서에 직접 지시하였다. 이처럼 율곡은 벼슬길에 있으면서도 외할머니를 지극 정성으로 보살폈다.

율곡이 벼슬길에 있을 당시에는 인륜 도덕이 땅에 떨어지고 나라의 기강이 무너져 법령이 제대로 시행되지 않아 백성들의 생활은 말이 아니었다. 게다가 나라 살림마저 바닥이 나 아침에 망할지 저녁에 망할지 모르는 위급한 상황이었다. 그런데도 관리들은 하나같이 높은 직책에 있는 사람이나 낮은 직책에 있는 사람이나 할 것 없이 뚜렷한 대책 없이 그저 강 건너 불구경하듯 천연스럽게 세월만 헛되게 보내고 있었다. 율곡은 이러한 난국을 극복하기 위해서는 먼저 현명한 사람을 찾아내고 뛰어난 인물을 골라 나라 일을 맡기는 것이 제일 급하다고 생각하였다.

율곡은 임금에게 아뢰기를, "임금과 신하 사이란 마치 하늘과 땅이 서로 만나는 것과 같은 것이어서 만약 하늘과 땅이 서로 조화롭게 만나지 못하면 만물이 생기지 못하는 것과 마찬가지로 임금과 신하가 서로 만나지 못하면 정치가 일어나지 못합니다"라고 하였다.

본래부터 임금과 신하란 친밀하기가 아버지와 아들 사이 같고, 마음이 서로 맞아떨어지는 것은 두 쪽으로 나눈 동전을 다시 맞추는 것과 같아야 하는 법인데, 오늘의 난국은 하늘은 땅을 믿지 못하고 땅은 하늘을 믿지 못한 데서 비롯된 것이라 하였다.

또 해묵은 법을 고치지 않아 생긴 폐단을 꼬집었는데, "높은 관리들은 위에서 유유히 지내며 앞뒤 눈치 보기에만 힘쓸 따름이며, 낮은 관리들은 밑에서 빈둥거리며 오직 때를 보아 이익을 추구하는 짓이나 일삼고 있으며, 대간臺諫에서는 기강을 바로잡는다고 한두 명의 간사한 조무래기들을 잡아 냄으로써 책임을 면하려 하고, 관리를 뽑고 선임하는 데 오로지 청탁으로 이루어지고 있으니, 어찌 한심스러운 일이 아니겠는가?"라고 했다. 게다가 한두 명의 고위층을 자리에 안배함으로써 공정하다는 핑계를 삼고 있으며, 낮은 관리들은 오직 날이 가고 달이 감으로써 승진을 추구할 뿐이라고 개탄하였다. 율곡은 이 모두의 폐단은 결국 백성들에게 그 피해가 돌아가는 것이기 때문에 시급히 타개책을 세워 난국을 극복해야 한다고 역설했던 것이다.

율곡은 성왕聖王이 제정한 법이라 할지라도 오래되면 자연히 그 폐단이 생기는 법이므로 해묵은 법을 고치지 않고는 사회의 개혁, 민생의 안정은 기대하기 어려울 것이라고 하였다.

율곡은 이러한 폐단을 다음과 같이 비교하였다.

"이것은 마치 만 칸이나 되는 큰 집이 서로 떠받쳐 지탱하여 그럭저럭 하루를 견디고 있지만 사실은 오랫동안 수리하지 않아 들보에서 서까래에 이르기까지 썩어 있는 것과 같다. 그래서 그 동쪽을 수리하려고 하면 서쪽이 따라서 기울고, 남쪽을 보수하려 하면 북쪽이 기울어질 형편이라, 어디서부터 어떻게 손을 써야 할지 몰라 여러 목수들이 둘러서서 구경만 하고 있는 형국이다. 그렇다고 그대로 두고 수리하지 않으면 날이 갈수록 더욱 썩어 마침내 붕괴되고 마는 것과 같은 이치이다."

율곡은 일찍이 이러한 폐단이 생길 것을 미리 내다보고, 과거를 답습하는 정치가 아니라 현실에 맞도록 법과 제도를 정비하여 백성을 위한 현실 정치를 펴야 한다고 주장하였던 것이다. 율곡은 임금의 명을 받들어 전하던 직책에 있을 때 헝클어진 시국을 바로잡고 백성을 편안하게 하는 데 꼭 필요한 정책을 임금에게 제시하였다.

첫째, 임금이 정성된 마음을 열어 놓아야만 여러 신하들로부터 충정을 얻을 수 있을 것이고,

둘째, 납세 제도를 개혁해야만 무자비하게 거두어들이는 폐해를 막을 수 있을 것이며,

셋째, 절약과 검소함을 숭상해야만 사치 풍조를 바로잡을 수 있을 것이다.

차근차근 검토한 후 받아들일 것을 결정한 다음, 능력 있는 신하에게 맡기고 정성으로 시행한다면 효과가 나타날 것이라 하였다. 만약 이렇게 해서 3년이 지나도 효과가 나타나지 않으면 자신이 임금을 속인 죄로 죽음도 달게 받겠다고 하였다.

그러나 결국 개혁 의지가 부족한 임금과 옛 제도의 틀에서 편안히 지내려는 기득권 세력, 자리 다툼에만 눈이 먼 간신배, 율곡을 시기하고 모함만을 일삼던 반대파들 때문에 무수히 제시했던 개혁 정책들은 실현되지 못하고 사라지고 말았다.

더욱 안타까운 것은 이 무렵 우리나라를 둘러싸고 있던 주변국들의 움직임에 관한 것이다. 만주 대륙에서는 여진족의 추장 누루하치가 모든 부족을 통일한 후 우리나라를 침범할 기회를 엿보고 있었고, 섬나라 일본에서는 도요토미 히데요시가 전국을 통일하고 전력을 가다듬어 대륙 침략의 기회만 엿보고 있던 때였다.

율곡은 이와 같은 주변 국가들의 움직임을 면밀히 파악하고 10만의 군사를 기르자는 획기적인 국방 정책을 제시하였다. 8도에 각 1만명, 서울에 2만 명의 군사를 주둔시켜 훈련을 하면서 만일의 사태에 대비하자고 하였던 것이다. 이것이 바로 그 유명한 10만 양병론養兵論이었다.

그러나 고위 관리들은 대비책은커녕 주변 정세의 위급함을 전혀 인식하지 못하고 오히려 태평성대의 꿈에 젖어 있었다. 반대파들의 논리는 "호랑이를 기르자는 말이냐, 이 태평한 세월에 군사를 양성하다니…" 등, 한 마디로 안 된다는 소리들이었다. 그렇게 하면 군사 혁명만 부를 것이라는 논리였다. 율곡은 10만 양병을 주장하면서 "만일 이대로 가다가는 10년이 못 되어 흙이 무너지고 기왓장이 깨어지는 화를 면하기 어려울 것"이라고 했다.

아니나 다를까 율곡이 세상을 떠난 지 8년 만인 1592년 임진왜란이 일어나, 순식간에 전 국토가 왜놈의 말발굽에 짓밟히고 수십만의 백성들이 죽임을 당하거나 포로가 되어 끌려갔다. 그뿐 아니라 임금은 서울을 버리고 의주로 피난길에 올랐으니 율곡이 강조한 사전 대비책을 조금이라도 받아들였다면 이 같은 참상은 면할 수 있었을 것이다.

선조 임금은 피난길에서 "대신들이여! 율곡을 본받지 않고 오늘 이후에도 동인이니 서인이니 하며 당파 싸움이나 할 것인가?"라고 눈물을 흘렸다고 한다.

율곡은 호조판서를 두 번, 이조판서를 두 번, 형조판서를 한 번, 그 밖에 크고 작은 벼슬을 지냈지만 끼니를 걱정해야 할 정도로 가난했다. 우리 역사상 이러한 분들을 가리켜 '청백리淸白吏'라고 한다. 평생 동안 나라를 위하고 또 남을 위해 살다 간 청렴하고 결백한 관리에게 내린 칭호였다. 바로 율곡도 그런 청백리 가운데 한 사람이었다.

율곡이 벼슬을 사양하고 경기도 파주에서 생활할 때의 일이다. 어느 날 최황이라는 사람이 율곡의 집을 방문하였는데 마침 점심때인지라 상을 차려 같이 식사를 하게 되었다. 율곡과 마주 앉아 밥상을 받은 최황이 반찬이 초라한 것을 보고 수저를 들고 머뭇거리며 말했다.

"선생님 어떻게 이다지 곤궁하게 지내십니까? 반찬도 없이 진지를 드신대서야…."

율곡은 태연하게 웃으며 답했다.

"느지막이 먹으면 맛이 없는 줄도 모른다오." '시장이 반찬'이라는 얘기였다.

율곡이 해주 석담에 살 때였다. 점심을 먹지 않자 제자들이 그 까닭을 물으니 율곡은 이렇게 답했다.

"양식이 떨어져 하루 한 끼만 먹으려 한다."

얼마 후 재령군수로 있는 최립이란 사람이 쌀을 보내 왔는데 율곡은 이를 거절하고 받지 않았다. 제자들이 그 까닭을 물으니 답했다.

"나라 법에 관리가 부정하게 뇌물을 받거나 직권을 이용하여 재물을 탐내는 것은 엄한 벌로 다스리고 있고, 또 받는 자도 같이 처벌을 하고 있다. 생각해 보아라. 우리나라 고을 수령이 나라 곡식이 아니고는 다른 것이 있을 수 없지 않느냐? 그러니 수령이 주는 것을 받아서는 안 된다. 최립은 바로 나의 어릴 때 벗이다. 만일 그 사람이 자기의 쌀독에서 퍼 왔다면 어찌 받지 않겠느냐?"

또 석담에서 살 때에는 대장간을 차려 놓고 호미나 낫, 쟁기 등을 손수 만들어 이것을 팔아 양식을 사 먹기도 하였다. 당시만 해도 사·농·공·상의 신분이 뚜렷했음에도 도리상 마땅히 해야 할 일이라면 부끄러워하지 않고 하였다.

율곡의 처가에는 약간의 재산이 있었는데, 어느 날 장인 노경린이 사위에게 서울에 있는 집을 한 채 사 주며 거기서 살도록 하였다. 그런데 율곡은 형제들이 가난하게 사는 것을 차마 보지 못하여 곧 그 집을 팔아 쌀과 옷감을 사서 나누어 주었다.

율곡의 가난은 죽을 때까지 이어졌다. 율곡이 죽자 집안에는 한 섬 곡식도, 죽을 때 입고 갈 수의도 없었다고 한다. 그래서 남의 옷을 빌려다가 입히고 장례를 치렀다. 심지어 집이 없어 처자식들이 의지할 데 없이 옮겨 살며 굶주림을 면하지 못하자, 친구들과 그를 따르던 선비·제자들이 쌀과 옷감을 거두어 집을 장만해 주었다. 또 율곡의 두 아들 경림·경정의 벼슬길을 터 주기도 하였다.

빼어난 글솜씨*

송강松江 정철鄭澈은 율곡 선생을 부용성芙蓉星으로 떠나보내면서 '하늘이 이 나라에 끊어진 성학聖學을 전하려고 보낸 분'이라 했다. 사실 율곡은 성학을 바탕으로 치평治平의 대도를 실천함에 몸 바쳐서 진흙에서 피어난 연꽃과 같이 받들어지니 그의 시는 경학經學과 더불어 논할 수 없다.

그러나 13세에 과거시험에 장원한 것을 시작으로 시詩·부賦를 내세운 과거시험에서 줄곧 장원을 놓치지 않았고, 세상 사람들이 시를 중히 여기는 까닭을 밝혀 놓기도 하였으며, 시의 효용성을 강조하기도 하였다. 뿐만 아니라 시는 문사文詞 중에서 가장 빼어난 것이기 때문에 쉽게 말할 수도 가볍게 여길 수도 없다고 하였다. 특히 한·중 시사에 유례가 없는 독보적인 시품론詩品論을 펼친 그의 시품집 〈정언묘선精言妙選〉은 율곡의 시관에 대한 높은 안목과 확고한 견해를 살펴볼 수 있는 둘도 없는 좋은 자료이다.

특히 일기가성一氣呵成의 호방한 문력으로 휘갑한 600구 3,000언의 〈풍악행〉은 기행시의 백미로 한국과 중국 한시를 다 찾아보아도

---

* 이 내용의 원전은 《율곡전서》〈습유〉권1에 있고, 풀이는 저자가 역해한 《율곡 선생 금강산 답사기》에서 일부 옮겨 실었다.

이 같은 장편의 한시는 없다. 무엇보다 율곡이 중국 사신을 맞이하여 안내하는 직책인 접반사로 있을 때 주고받은 시에 대해 중국 사신은 천하의 보배로 여기던 '수주隋珠'와 '화벽和璧'에 비유하였으니 율곡의 뛰어난 글솜씨는 이미 중국에서도 감탄해 마지않았을 정도이다.

당시 중국 사신을 안내하며 그들과 나눈 시가 30여 수나 되고 일단 시를 주고받는 데서부터 외교적 절차가 시작되는 점을 보더라도 중국과의 외교에서 시가 차지하는 중요성을 알 수 있다.

"옛날 제후나 경대부들이 이웃나라와 외교 활동을 할 때 사소한 말에 서로 감동하며, 인사를 나누는 때에도 반드시 시로써 자신의 의사를 내 보인다. 여기서 그 사람의 됨됨이와 현명하고 그렇지 못함을 구별하며, 그 나라 문화의 성쇠를 관찰한다. 그래서 공자는 시를 배우지 않으면 말할 수 없다고 하였다."

심지어 성종은 "명나라에서 사신이 오게 되면 그들과 시를 주고받아야 하니 시로써 문장을 짓는 공부를 소홀히 해서는 안 된다"고 하였다. 1582년 명나라에서 황제의 아들 탄생을 알리기 위하여 황홍헌黃洪憲과 왕경민王敬民 두 사신이 천자의 조서를 가지고 왔을 때, 율곡은 이들을 맞이하고 안내하는 원접사에 임명되었다. 율곡은 그들이 임무를 수행하고 돌아갈 때까지 30여 일 동안 같이 지냈다. 다음 7언 율시는 사신 일행이 임무를 마치고 돌아갈 때 지어 준 율곡의 시이다.

澄江如練遠潮平　맑은 강 비단 같고 먼 조수 펀펀한데
仙客開筵駐旆旌　사신 일행 자리 펴자 깃발이 멈추었네
箕壤霞觴澆別恨　평양의 신선주로 이별의 한 씻어 내고
薊門霜樹渺歸程　계문의 단풍나무 돌아갈 길 아득해라
寒空雪霽千山迴　찬 하늘 눈 개니 뭇 산이 아스랗고
虛閣風輕一笛橫　빈 누각 바람결에 피리소리 구성지네
唱斷驪駒天日暮　이별가 끝나니 하늘엔 해가 저물어
碧雲難寫去留情　떠나고 머무는 정 벽운지에 쓰기 어렵네

　　　　　　　　　　　－《율곡전서》 권2 〈차왕천사유별운〉

율곡의 시에 왕경민 천사天使도 같은 운韻으로 화답했다.

館署別離恨未平　헤어지자니 안타까운 마음 가시지 않는데
憐君來往伴旆旌　오가며 동반해 준 그대 고맙기만 해
秋深東去傳天語　늦가을에 조선에 와 조서 전하고
歲晏西歸憶客程　세모에 중국으로 갈 객정을 생각하네
光射斗牛雙劍在　광채가 두우성에 비치니 두 보검 묻혀 있고
地分中外一江橫　땅은 중외로 나뉘어 강 하나 가로놓였네
遨遊異域知難再　이역 땅서 즐거운 유람 두 번 있기 어려우니
浿水葱山總繫情　패수와 총산 모두 정에 끌리네

　　　　　　　　　　　－《율곡전서》 권2 〈부왕천사시〉

또 두 사신은 임무를 마치고 떠나면서 이렇게 말했다.

한 달 동안 정의는 흡족했고 천리를 멀다 않고 수행하였습니다.
나를 따뜻한 정으로 대해 주고 좋은 글도 주셨습니다.
문체는 웅장 화려하였고, 위로는 치밀하였습니다.
통하지 않았던 것은 말이요, 서로 통한 것은 마음이었습니다.

– 《율곡전서》 권38

왕천사는 또 만날 기약조차 없는 아쉬운 헤어짐을 다음과 같이 표현했다.

눈물은 생이별을 위해 더 불어난다고 하였는데 틀림없는 말입니다.
오직 이따금 '요화瑤華'를 외워 '경수瓊樹'를 본 것같이 하겠습니다.
자나 깨나 항상 그 정의 마음속에 간직할 뿐입니다.

– 《율곡전서》 권38

중국 사신은 본국으로 돌아가 율곡과 주고받은 시를 묶어 책으로 내고 싶다고 하면서 책 서문을 지어 달라고 부탁해 왔다.

수화의 일절은 뜻이 진실하고 문장이 훌륭하니
완상함에 '수주隋珠'와 '화벽和璧' 정도의 귀중한
가치를 지녔을 뿐이 아닙니다. 어찌 잊을 수 있겠습니까!
(중략)
지생 왕경민은 두 번 절하고 국상 율곡 선생에게 올립니다.

– 《율곡전서》 권38

이렇듯 이들의 교유는 국경을 넘어서도 계속되었다. 당시 중국 사신들이 본국으로 돌아가 그동안 율곡과 나눈 시를 별도로 묶어 보내 달라는 청을 하자 율곡은 이에 대한 시집을 엮고 서문까지 지어 보냈다.

왕 선생이 황제의 명을 받들고 와서 조서를 전할 때에 내가 외람되이 원접사의 임무를 맡아 국경에까지 가서 영접도 하고 전송도 하였습니다. 이리하여 심원한 춘풍 속에 훈도된 지 1개월여에 선생이 나를 비루하다 아니하고 연로에서 흥이 나는 대로 지은 글을 반드시 부족한 나에게 주곤 하였지요. 그것은 금 무더기요, 옥 더미로 찬란히 눈에 가득 비쳤습니다.
저도 이런 성의에 감동하여 속을 털어 가끔 웃음거리 시를 지어 올렸더니, 선생이 항아리 덮개나 하라고 하지 않고 도리어 칭찬을 가하며 첩자를 만들어 정서하게 했습니다.
저의 궂은 시가 중국에까지 웃음거리가 될 것을 생각하니 비록 부끄럽긴 하지만, 선생에게 한 마디의 칭찬이라도 받게 된 것이 매우 영광스러워 굳이 사양치 못하겠습니다.

1582년 10월
-《율곡전서》 권38

송익필宋翼弼은 "유림은 율곡을 우러러보기를 태산과 북두칠성과 같이 했으며, 중국에까지 그 명성을 떨쳤다"고 했으며, 김장생金長生은 "중국 사신이 글제를 내면 선생은 붓을 들고 그 즉시 시를 짓는데도 문장과 의미가 모두 아름다우니 두 사신이 탄복하여 찬미하기를 '큰 솜씨로다. 큰 솜씨로다'라고 감탄했다"고 했다.

　율곡의 한시 하면 19세 때 금강산을 1년 남짓 돌아보고 쓴 600구 3,000마디의 〈풍악행〉을 빼놓을 수 없다. 이 시는 금강산을 앉아서 조망할 수 있는 기행시의 백미이다. 분량이 워낙 방대하여 600구 모두 다루지는 못하고, 여기서는 감흥을 해치지 않는 범위 내에서 단락별 중심이 될 만한 부분만 간추려 소개하기로 한다.

　먼저 율곡은 〈풍악행〉을 짓게 된 동기와 경위를 자세히 밝혀 놓았다.

　내가 풍악산을 유람하면서도 게을러 시를 짓지 않았다가,
　유람을 마치고 나서, 이제야 들은 것, 또는 본 것들을
　주워 모아 3,000마디의 말을 구성하였다.
　감히 시라고 할 것은 못 되고,
　다만 몸소 지나온 바를 기록했을 뿐이므로
　말이 더러 속되고, 글도 더러 중복되었으니,
　보는 이들은 비웃지 말기를 바라는 바이다.

아득한 옛날 천지가 개벽하기 전
하늘과 땅을 나눌 수 없었네
음과 양이 서로 동하고 고요함이여
그 누가 기틀을 잡았단 말인가

만물의 변화는 자국이 안 뵈는데
미묘한 이치는 기이하고 기이해
하늘과 땅이 열리고 나서야
위와 아래가 나누어졌네

그 중간 만물의 형태 있지만
일체의 이름을 붙이질 못해
물이란 천지의 피가 되었고
흙이란 천지의 살이 되었네

흰 뼈가 쌓이고 쌓인 곳에는
저절로 높은 산 이뤄졌으니
맑고 고운 기운이 모인 이 산을
이름 하여 개골이라 붙여 놓았네

아름다운 이름이 사해에 퍼져
모두가 이 나라에 나길 원했네
공동산 부주산 이런 산들은
여기에 비하면 보잘것없지

일찍이 지괴에서 들은 얘기론
하늘의 형상도 돌이었다네
그래서 그 옛날 여와씨께서
돌을 달궈 그 흠을 메웠다 하네

이 산은 하늘에서 떨어져 나왔지
속세에서 생겨난 산이 아니리
나아가면 하얀 눈을 밟는 듯하고
바라보면 늘어선 구슬과 같아

이제야 알겠구나 조물주 솜씨
여기서 있는 힘 다 쏟을 줄을
이름만 들어도 그리워하는데
하물며 멀지 않은 곳에 있어랴

내 평생 산수를 좋아하다 보니
일찍부터 발걸음 한가하지 않아
지난번 꿈에서 나타났는데
하늘가가 잠자리에 옮겨 왔었지

처음에는 떠돌이 스님을 따라
우뚝한 뭇 산을 모두 지나서
점점 더 좋은 지경 들어가자니
오솔길 지루함도 모두 잊었네

정말로 참모습을 보기 위해서
곧바로 단발령에 오르고 보니
금강산 봉우리 만이천 봉이
눈길이 닿는 곳 모두 맑구나

안개가 바람에 흩어지더니
우뚝한 그 산세 허공에 섰네
바라만 보아도 이미 기쁜데
하물며 산속을 유람함이야

드높고 우뚝한 저 불정대는
호젓한 그 절경 비길 데 없네
아침에 해돋이 바라다보니
붉은 구름 헤집는 모습 눈에 가득해

물과 하늘 아스라이 끝 간 데 없어
불 기운 수신에 놀랐나 보다
머리 들어 하얀 골짝 바라다보니
하늘에서 열두 폭 비단 드리운 듯

호젓한 남초암 쓸쓸하지만
스님의 모습은 신선 같구나
나를 보자 스님이 음식 차려 내
향기로운 나물밥에 허기 면했네

이 산골 깊이가 얼마인지는
스님도 알지를 못한다 하네
옳다 그르다 시비소리 들리지 않으니
무엇하러 일부러 귀를 씻으랴

스님이 말하기를 안산이 좋지
바깥 산은 미천한 광대 같다나
바깥 산이 이렇게 수려할진대
하물며 안산은 오죽 좋으랴

지나온 산중의 수많은 암자
품평은 이루 다 헤일 수 없고
자세히 적기란 더욱 어려워
대략만 시험 삼아 말해 보련다

기이한 형상과 특이한 모습
모두를 기술하긴 정말 어렵네
눈으로 보았지 말론 되잖아
만 가지는 놓치고 하나만 건진 셈

가슴속에 산수가 들어 있으니
이곳에서 머무를 필요 있겠나
한 번 보고 금강산을 안다고 해서
조물주가 이 나를 꾸짖진 않겠지

산을 내려 골짜기를 나서려 하니
산신령이 나를 향해 시름 지으며
꿈속에 나타나 나를 보고는
그대에게 요구할 게 있다고 하네

천지간에 생겨난 온갖 만물은
사람으로 인해서 이름난다며
여산에 이백이 없었다 한들
뉘라서 폭포를 읊조렸으며

난정에 왕희지가 없었다 한들
그 누가 자취를 누리었으랴
두보는 동정호에서 글을 지었고
소식은 적벽에서 노래를 했네

모두가 소문난 문장가 덕에
그 이름 멸치 않고 전하지 않소
그대는 내 산을 유람하면서
풍경을 남김 없이 구경했거늘

어째서 이에 대한 시를 읊잖고
도리어 입 다물고 말이 없는가
그대의 큰 솜씨 발휘하여서
금강산 좋은 경치 덧보태 주오

그대는 이 사람을 잘못 보았소
그대 말은 부질없이 헛된 것이오
내 본디 시문에는 재주 없는데
어떻게 앞의 분을 쫓을 수 있소

끌끌끌 혀를 차며 한다는 말이
그대같이 고약한 손 어디 있다냐
내 끝내 물리칠 수 없음을 알고
여기서 그 시종을 적어 보았네

〈풍악행〉을 읽으면 문 밖을 나가지 않아도 금강산 1만 2,000 봉우리가 환하게 눈 가운데 들어올 정도다. 인간은 높은 곳에 오르면 반드시 시와 부를 읊조리게 되는데 이때 강산의 좋은 경치는 작자를 도와 더욱 좋은 글을 만들어 내게 된다. 그래서 이런 말이 있다.

바람이 나무를 흔들면 하늘이 울고, 물이 돌에 부딪히면
소리를 내듯이, 비록 천지는 무심하고 목석은 무정하나
감동하고, 접촉하면 대자연의 음향도 울리는 법인데,
하물며 만물의 영장인 사람에 있어서랴!
그래서 사람이 아름다운 모임이나 좋은 경치를 만나면
저절로 즐거운 소리가 나는 법

– 《시경》 〈주해서문〉

결국 율곡은 금강산을 유람하면서 우뚝 솟은 비로봉의 장엄한 모습에서 군자의 종용한 기상을 배웠고, 말없이 한자리에 서 있는 굳건한 모습에서 군자가 지녀야 할 미덕과 절조를 배웠으며, 탁 트인 넓고 시원함을 보고는 장부의 호연지기浩然之氣를 길렀던 것이다.

임금도 감탄한 《격몽요결》

《격몽요결》은 율곡이 마흔두 살 때 부제학 벼슬을 사직하고 3월에 파주 율곡리로 돌아갔다가 그해 10월 해주 석담으로 가 은병정사隱屛精舍를 짓고 거기서 제자를 가르칠 때 배움에 뜻을 둔 이들이 처음 학

문의 길로 들어가는 방책을 제시한 책이다. '격몽'은 《주역》 효사에 나오는 말로 '몽매함을 물리친다'는 뜻이다. 《격몽요결》은 당시에 엄청나게 좋은 평가를 받았고, 그 후 인조 임금 때에는 전국 향교에서 초학자初學者들을 위한 교재로 사용되기도 하였다. 정조 임금은 서문에서 "그 사람을 사모하면 반드시 그가 쓴 글을 읽게 되고, 그가 쓴 글을 읽으면 그 사람의 마음을 살필 수 있으니, 마음은 바로 그 사람인 것"이라 하였다.

율곡은 《격몽요결》 서문에서 책을 쓰게 된 동기를 다음과 같이 밝혔다.

사람이 이 세상을 살아가는 데 있어 학문이 아니면 사람다운 사람이 될 수 없다. 그런데 여기서 말하는 학문이란 절대로 이상한 것이 아니다. 학문이라는 것은 다만 아버지가 되어서는 자식을 사랑하고, 자식이 되어서는 부모에게 효도를 해야 하고, 신하가 되어서는 임금에게 충성을 다해야 하고, 부부가 되어서는 분별이 있어야 하고, 형제간에는 우애가 있어야 하는 것이다. 또 젊은 사람은 어른에게 공손해야 하고, 친구 사이에는 신뢰가 있어야 하는 것 등을 말한다. 이런 일들은 날마다 행동하는 사이에 일어나는 것이므로 마땅한 것을 얻어서 실천해야 할 것이고, 공연히 마음을 심오하고 미묘한 곳으로 치달아 무슨 이상한 효과가 나타나기를 기다리는 엉뚱한 생각은 하지 말아야 할 것이다. 그래서 학문을 하지 않은 사람은 마음이 막히고 소견이 좁아 어둡게 마련이다. 그렇기 때문에 사람은 반드시

글을 읽고 그 속에 담긴 이치를 깊이 생각해서 자신이 마땅히
해야 할 것을 밝혀야 한다. 그런 뒤에야 학문이 깊은 지경에까지
나아가 행동이 정당해지고 올바르게 된다. 그런데 요즈음
사람들은 이와 같은 학문이 날마다 행동하는 데에 있음을 알지
못하고 부질없이 높고 멀기만 하다고 지레 짐작하고 실천하기
어려운 것이라 생각한다. 그러다 보니 학문은 특별한 사람들이나
하는 것으로 생각하고 자신은 스스로 포기한 채로 그저 편안하게
여기니 어찌 슬픈 일이 아니겠는가?
내가 해주 석담에 거처를 정하자 한두 학도가 찾아와 나에게
배우기를 청했다. 그러나 나는 그들의 스승이 되지 못할 것을
부끄럽게 여기면서도 한편으로는 처음 배우고자 하는 사람들이
아무런 방향도 알지 못할 뿐 아니라 확고한 뜻이 없이 그저
아무렇게나 이것저것 묻고 하면 서로가 아무런 도움도 되지
못하고 오히려 남들에게 조롱이나 받지 않을까 두려웠다. 이에
간략히 책 한 권을 써서 자신의 마음을 세우는 것, 몸소 실천해야
할 일, 부모 섬기는 법, 남을 대하는 방법 등을 대략 적고 이것을
《격몽요결》이라 이름하였다. 학도들에게는 이것을 보여 마음을
씻고, 뜻을 세워 마땅히 날로 공부하도록 하는 한편, 나 또한
오랫동안 구습에 얽매여 우물쭈물하던 병을 스스로 경계하고
반성하고자 한다.

- 《율곡전서》 권27

《격몽요결》은 모두 10장으로 되어 있다.

첫째 장에서는 배우는 사람은 먼저 뜻을 세워야 한다고 했고,

둘째 장에서는 옛날의 묵은 습관을 과감히 고쳐야 한다고 했으며,

셋째 장에서는 자신의 몸가짐을 바로 가지라고 했다.

넷째 장에서는 글을 읽되 실천할 것을 생각하라고 했으며,

다섯째 장에서는 어버이를 올바로 섬기는 방법을 제시했고

여섯째 장에서는 어버이가 돌아가시면 반드시 옛 법도대로 해야
한다고 했다.

일곱째 장에서는 어버이의 제사를 받드는 방법을,

여덟째 장에서는 집안에 있을 때 해야 할 일들을,

아홉째 장에서는 사람을 바르게 대하는 자세에 대하여,

열째 장에서는 사회생활을 하면서 자신이 바르게 처신해야 할 방
법을 제시해 놓았다.

이 책이 전국 향교에서 교재로 사용되자 당시 모든 사람들은 "이
책은 천하 만세에 널리 퍼져 누구나 읽고 실천해야지, 우리 동방에만
퍼져서야 되겠는가!"라고 하였다.

특히 율곡은 인성을 중시해서, 어린 시절에는 무엇보다 먼저 인성
을 닦는 데 중점을 두어야 한다고 했다. 그래서 어린이들이 반드시 지켜
야 할 사항을 〈소아수지小兒須知〉라는 이름으로 다음과 같이 정리했다.

- 부모 말씀을 잘 듣고 제멋대로 행동하지 말아야 한다.
- 형과 어른을 공경하고 말을 함부로 하지 말아야 한다.
- 형제간에는 우애가 있어야 하고 서로 싸우지 말아야 한다.
- 먹을 것을 가지고 싸우지 말아야 한다.
- 또래의 친구를 못살게 굴거나 싸우지 말아야 한다.

- 꾸중을 들었을 때에는 반성하고 성을 내거나 원망하지 말아야 한다.
- 몸가짐을 단정히 하고 걸음은 경솔하게 걷지 말아야 한다.
- 일찍 자고 늦게 일어나거나 빈둥거리거나 게으름을 피우지 말아야 한다.
- 책을 읽을 때에는 서로 쳐다보며 잡담을 하지 말아야 한다.
- 말은 공손하게 해야 하며, 자기의 단점이나 잘못을 숨기지 말아야 한다.
- 공부는 내팽개치고 아이들과 어울려 다니며 놀이만을 일삼지 말아야 한다.
- 글씨를 아무렇게나 쓰거나 낙서로 종이를 낭비하지 말아야 한다.

– 《율곡전서》 〈습유〉 권4

하늘도 울고 땅도 울고 *

율곡은 49세 때 간신들의 모함으로 벼슬을 버리고 해주 석담으로 갔다가 이조판서로 다시 부르는 바람에 서울로 올라왔다. 그는 기울어져 가는 나라를 일으켜 세워 보려고 온갖 노력을 다 기울였으나 뜻대로 되지 않자 그만 병을 얻어 자리에 눕고 말았다.

어느 날 서익徐益이 순무사의 명을 받들고 북쪽 변방으로 간다는 소식을 들은 율곡은 그를 불러 일러 줄 것이 있다며 병석에서 일어나

___
* 이 내용은 〈율곡연보〉에 보이며, 성문각 발행, 이은상의 《사임당과 율곡》을 참고하였다.

려 하였다. 그러자 형님의 병간호를 위해 자리에 함께 있던 옥산과 제자들이 강력히 만류하였다.

그러자 율곡은, "이는 나라를 위하는 일이다. 나의 병은 차츰 나아가고 변방의 일은 날이 갈수록 심각해져 가는데 어찌 병을 핑계로 중대한 일을 그르치게 할 수 있느냐? 내 비록 병을 열흘이나 더 앓는다 하더라도 이 일은 하지 않을 수 없다"라며 힘겹게 일어나 앉았다.

그리고는 여섯 조목으로 된 방략方略을 입으로 부르고 아우 옥산으로 하여금 받아 적게 하였다. 이것이 율곡의 마지막 글이었다.

송강 정철이 문병차 찾아왔다. 율곡은 송강의 손을 꼭 잡으며 술을 조금 삼가고, 또 사람을 뽑아 쓸 때 어느 한쪽으로 치우쳐서는 안 된다고 부탁하였다.

이튿날 새벽 율곡은 목욕을 깨끗이 하고 손발톱을 가지런히 깎은 다음, 옷과 갓을 바로 하고 머리를 동쪽으로 한 뒤에 49세의 일기로 조용히 숨을 거두었다.

율곡이 세상을 떠날 때에는 부인 노씨가 검은 용이 율곡의 방에서 나와 하늘로 올라가는 꿈을 꾸었다고 한다.

임금이 율곡의 부음을 듣고는 슬피 울었는데 그 소리가 밖에까지 들렸으며, "어진 재상이 서거하니 내 마음이 지극히 아프다"라고 하면서 사흘 동안 조회를 열지 않았다.

또 임금은 제문을 지어 보냈다.

"백성을 사랑하고 만물을 이롭게 하느라 내 몸을 아끼지 않았고,

임금을 사랑하고 나라를 걱정하는 충성에 귀신도 감동하였네. 어지러운 세상을 그대와 함께 구제하려 하였는데 하늘이 나에게 인재를 주시고 어찌 이토록 빨리 빼앗아 가는가!"

송강 정철도, "그대를 잃은 뒤부터는 정신을 잃어서 인간 세상에 다시 뜻이 없어져 마치 짝 잃은 외로운 새가 제 몸과 그림자를 서로 불쌍히 여기듯 합니다. 그대가 없는 세상이란 오동판이 없는 거문고와 같고, 구멍 없는 피리와 같으니 비록 거문고를 타고 피리를 불고 싶으나 오동판과 구멍이 없는데 어찌 하겠습니까! 나는 이제 그만인가 봅니다"라고 슬퍼하며 탄식하였다.

그리고 이 소식이 전해지자 전국 각지에 있는 선비들이 모두 친척의 상을 당한 듯 슬퍼했으며, 관리·군졸·시골 백성 할 것 없이 모두 눈물을 흘리며 슬퍼하였다.

상여가 떠날 때에는 서울 도성 사람들이 성 밖에까지 따라 나오는 바람에 서울 도성이 텅 빌 정도였다. 수많은 사람들이 거리로 쏟아져 나와 마지막 가는 율곡을 눈물로 전송하였는데 이때 횃불이 수십 리를 연이었으며, 일찍이 나라가 들어선 이래 이와 같은 일은 없었다고 한다.

율곡의 어릴 적 꿈에 하느님을 뵈었더니 황금빛 글씨로 쓴 첩帖을 주므로 열어 보았더니 다음과 같은 글귀가 적혀 있었다고 한다.

龍歸曉洞雲猶濕　용이 돌아간 새벽 골짜기 구름 아직 젖어 있고
麝過春山草自香　사향노루 지나간 봄 산에는 풀마저 향기롭다

처음에는 이 꿈이 깊은 뜻이 있는 상서로운 꿈이라고 여겼으나 율곡이 죽은 뒤에는 이것이 상서롭기만 한 꿈은 아니었음을 알았다. 왜냐하면 용이 돌아가고 사향노루가 지나간 것은 율곡이 갑자기 세상을 떠날 것임을 암시하는 것이었고, 구름이 젖어 있고 풀이 향기롭다는 것은 율곡이 살아서 끼친 덕업과 학문이 영원히 남아 천하에 떨칠 것이라는 뜻이었기 때문이다.

사랑도 예를 갖추어 *

율곡은 스물두 살 때 성주목사 노경린의 따님 황해도 곡산노씨와 혼인하였는데 불행하게도 부인이 첫딸을 낳다 잘못되어 그 뒤로 다시는 자식을 갖지 못하였다. 그러자 부인은 덕수이씨 집안에 자식이 없어 대가 끊어지면 안 된다고 하며 남편과 상의한 끝에 둘째 부인 김씨를 맞아들였다.

그러나 여러 해 지났음에도 김씨 또한 자식을 갖지 못하자 다시 세 번째 부인을 얻을 수밖에 없었다. 세 번째 부인은 이씨로 다행히

---

* 이 내용은 이화여대박물관 소장, 유지에게 준 율곡의 편지 글과 이은상의 《사임당과 율곡》을 참고하였다.

첫아들을 낳았는데 바로 율곡의 장남 경림景臨이었다. 경림은 훗날 동몽교관童蒙教官이라는 벼슬을 받았으나 취임하지 않았으며, 죽은 뒤에는 사복시정司僕侍正에 증직되었다. 이씨 부인은 뒤이어 딸을 또 낳았는데 훗날 율곡의 수제자였던 사계沙溪 김장생金長生의 아들 김집金集의 소실少室이 되었다.

세 번째 부인 이씨가 경림을 낳은 지 5년 만에 두 번째 부인 김씨가 아들 경정景鼎을 낳았다. 둘째 아들 경정은 율곡이 44세 때 태어났으므로 율곡이 죽던 해에 겨우 여섯 살이었다. 이렇듯 율곡은 세 부인에게서 모두 2남 1녀의 자녀를 두었다. 부인을 셋이나 두었지만 가정은 항상 화목하였다.

특히 율곡의 첫째 부인 노씨는 비록 슬하에 자신이 낳은 자식은 없었지만 율곡의 자식들을 자기가 낳은 자식처럼 사랑하며 키웠으며, 늘 자식들의 앞날을 걱정했던 어질고 현숙한 부인이었다. 뿐만 아니라 남편의 서모 권씨를 친어머니처럼 공경하며 가정의 화목을 위해 헌신하였다.

남편이 죽은 지 8년 만에 임진왜란이 일어나자 자식들은 모두 피난을 가자고 했으나 부인 노씨는, "내가 하늘을 잃어버린 지 이미 8년이나 되었는데 이제 무얼 더 살기를 바라겠느냐! 왜적을 피해 이리저리 쫓겨 다니다 낯선 타향에서 죽는 것보다 차라리 파주 아버지 산소 옆에서 세상을 마치는 것이 낫지 않겠느냐?"라며 피난 가기를 완강히 거부하였다. 결국 노씨 부인은 파주에 있는 남편 묘 옆에서 왜적들에게 항거하다 끝내 죽고 말았다. 선조 임금이 피난 갔다가 서울로 돌아와 이 사실을 전해 듣고 열녀정각烈女旌閣을 세우라고 하였다.

그런데 율곡은 세 부인 외에도 친숙하게 지내던 여인이 또 있었다. 황해도와 인연이 깊은 율곡은 황주에 있는 기생 유지를 알게 되었다. 율곡의 인품에 감동한 유지는 선생을 흠모했고, 또 존경하였다. 유지는 용모가 뛰어나고 행동이 바르고 민첩했기 때문에 율곡도 그를 아끼며 귀여워했다.

율곡과 황해도의 인연은 남달리 깊었다. 어머니가 황해도 평산이 본관인 데다 노씨 부인 또한 황해도 곡산이 본관이다. 게다가 누님 두 분도 황해도로 시집을 갔다. 율곡은 39세 때 황해도 관찰사를 지냈으며, 47세 때에는 중국 사신을 영접하는 원접사가 되어 평안도로 오고 가는 길에 황해도를 거쳐 다녔다. 그러는 동안 황해도에 머무르며 황주에 있는 기생 유지를 알게 된 것이다.

이렇듯 유지와는 오랫동안 서로 알고 지내며 때로는 같이 교유하고, 때로는 유지가 율곡의 수종隨從을 들기도 하였다. 그러던 어느 날 유지는 용기를 내어 율곡에게 사랑을 고백하며 같이 잠자리를 하자고까지 청했다. 그러나 율곡은 끝내 들어 주지 않고 서로 마음으로만 사랑을 나누자고 다독거렸다. 그러나 율곡은 진솔한 대화로도 자신의 마음을 다 표현하지 못함을 안타까워하다 결국 한 편의 글에 자신의 마음을 담아 전했다.

율곡 이이, 〈기생 유지에게 준 간찰〉, 이화여대박물관

유지는 본시 선비의 딸인데 어쩌다 기생이 되었다. 내가 황해도
관찰사로 갔을 적에 인연이 되어 나의 심부름을 하곤 했다.
날씬하고 빼어난 용모에 곱게 단장까지 하여 얼굴은 맑고
머리는 영리하므로 내가 쓰다듬고 어여삐 여기긴 했으나
처음부터 정욕의 뜻은 품지 않았다. 그 뒤 내가 원접사가 되어
평안도로 오고 가는 길에 만나서 같이 지내기는 했으나 하루도
같은 방을 쓰지 아니하고 가까이 지내기만 하였다. 1583년 가을

내가 해주에서 황주로 누님께 병문안 갔을 때에도 여러 날 술잔을 같이 들었고, 해주로 돌아올 때에는 조용한 절에까지 나를 따라와 전송해 주었다.

그리고 서로 작별 인사를 하고 헤어진 다음 나는 밤고지 강마을에서 자는데 밤이 깊어 어떤 이가 방문을 두드리기에 내다보니 유지였다. 방긋 웃으며 방으로 들어오므로 나는 이상히 여겨 몰래 뒤따라온 까닭을 물었더니 유지는 "대감의 명성이야 온 나라 백성이 모두 사모하고 있거늘 하물며 명색이 기생이 된 계집이겠습니까! 게다가 여색을 보고도 무덤덤하오니 더욱더 감탄하는 바이옵니다. 대감께서 이제 제 곁을 떠나시면 다시 만나기를 기약하기 어려울 것 같아 굳이 이렇게 멀리까지 따라온 것입니다"라고 답했다.

촛불을 환히 밝히고 밤새 이야기를 주고받았다. 아! 기생이란 다만 뜨내기 사내들의 다정한 것이나 사랑하는 것이거늘 누가 도의를 사모하는 기생이 있는 줄을 알겠는가!

게다가 청한 잠자리를 받지 않는 걸 보고도 부끄러이 여기지 아니하고 도리어 감탄한다는 건 더욱더 보기 어려운 일인데 아까워라!

여자로서 천한 몸이 되어 고달프게 살아가다니….

더구나 지나는 길손들이 내가 혹시 잠자리를 같이하지 않았나 의심하여 저를 돌아보아 주지 않는다면 아름다운 자색이 더욱더 아깝겠구나!

그래서 노래로 사실을 적어 정에서 출발하여 예의에서 그친 뜻을 알리려 하니 보는 이들은 그렇게 짐작하시게.

어허! 황해도 황주에 사람 하나
맑은 기운 모아 신선 자질 타고났네
뜻이랑 태도랑 곱기도 하고
용모도 말소리도 맑기도 하다

새벽하늘 이슬같이 맑은 것이
어쩌다 길가에 버려졌던고
화창한 봄 청춘의 꽃 피어날 때
좋은 집에 못 옮기니 슬프다 자색이여

처음에 만났을 땐 마음 안 열려
정만이 맥맥히 서로 통했지
중매 설 이 가고 없어
먼 계획 어긋나 허공에 떨어졌네

이런 저런 좋은 기약 다 놓치고
허리띠 풀 날은 그 언제이런가
인생 황혼에서 너를 만나다니
모습은 그 옛날 그대로구나

세월이 얼마나 흘렀다더냐
슬프다 녹음 짙은 인생기라니
몸이 늙어 여색을 버려야겠고
정욕은 찬 재와 같이 식어졌다네

저 아름다운 여인이여
사랑의 고운 눈초리 돌리려 하는가
때마침 황주에서 수레를 탔는데
굽이굽이 길은 멀고 더디기만 해

조용한 절에서 수레 멈추고
풀 자란 강둑에서 말을 먹일 때
어찌 알았으랴 멀리 따라와
방문을 두들기고 들어올 줄을

아득한 들녘엔 달은 어둡고
숲에선 호랑이 우는 소리 들려오는데
나를 밟아 뒤따라온 건 무슨 뜻이냐
지난날 명성을 그려서라네

문 닫고 내치는 건 인정 없는 일
한방에 눕는 건 옳지 않는 일
막아 놓은 병풍은 걷어치우고
자리도 따로따로 이불도 따로

나눌 정 다 못 푸니 일은 어그러져
촛불을 밝히고 밤을 새웠네
하늘을 어이해 속일 수 있으리
깊숙한 방에도 내려와 보나니

혼인할 좋은 기약 놓치고 없는데
어떻게 남몰래 그 짓 하리오
동창이 밝도록 잠자지 않고
나뉘자니 가슴엔 한만 가득해

하늘엔 바람 불고 바다엔 물결치고
한 곡조 노랫소리 슬프기만 해
어허 내 본심 맑고 깨끗해
가을 물 위에 뜬 차디찬 달이라네

마음에 선악 싸움 구름같이 일 적에
그 가운데 더러운 것 색욕이거니
사나이 내는 탐욕 안 될 일인데
여자가 내는 탐욕 더욱 고약해

마음을 바로잡고 근원을 맑게 해
밝은 근본으로 돌아가야지
내생이 있단 말 빈말이 아니라면
저 부용성에서 다시 만나자

이렇듯 율곡은 속마음을 풀어 놓았으나 유지를 달래기에는 부족한 듯해 못 다한 자신의 속내를 다시 시로 써서 주었다.

예쁘게도 태어났네 선녀로구나
십 년을 서로 알아 익숙해진 사이
목석 같은 사내기야 하겠나마는
병들고 늙었기로 사절했을 뿐
정들어 헤어지니 서럽기만 해
서로 만나 친숙하게 지냈을 따름
다시 나면 네 뜻대로 따라가련만
병든 이라 세상 정욕 찬 재 같은 걸
길가에 버려진 꽃 아깝기만 해
운영이는 배항이를 언제 만날까
둘이 같이 신선되긴 어렵잖은가
헤어지며 시나 써 주니 미안하구나

1583년 9월 28일
병든 늙은이가 밤고지 강마을에서 쓰다

이후 유지는 그토록 사모하던 율곡이 49세의 나이로 세상을 떠나자 기생을 그만 두고 소복을 입은 채 3년을 지냈다고 한다.

율곡이 기생 유지에게 써 준 친필 편지는 현재 이화여대박물관에 소장되어 있다. 여기서는 다만 한자로 쓴 글을 풀이해 옮겨 놓았다.

제2장

어머니를 빼닮은
자녀들의 예술

탁월한 미감이 돋보이는 매창의 매화 *

"우연히 선조의 옛 문적을 뒤지다가 수백 년 뒤에 문득 그 기친 필
적을 보니 시의 운치는 청신하며 그림 솜씨는 정교하여 그야말로 이
른바 이 어머니에게 이 딸이 있음을 알겠다."

옥산 이우의 8대손 이서李曙, 1752~1809가 〈가전서화첩 발문〉에서
밝힌 내용이다. 한 가문에서 번진 묵향은 쉽게 사라지지 않는다. 어머
니나 선대로부터 예술적인 재능을 물려받아 타고나거나 아니면 집안

---

* 이 내용 중 일부는 오죽헌시립박물관 발행, 《이창용 교수 기증유물》 중 한국학중앙연구원 이성미
  명예교수의 〈율곡 일가의 회화〉를 참고하였다.

대대로 전해 오는 선대의 유물을 자주 대하면서 자연스레 교감이 이루어져 묵향의 맥이 끊어지지 않는 경우가 종종 있다. 사임당의 가문만 하더라도 사임당의 서화는 맏딸 매창과 막내아들, 그리고 이우의 손녀 이부인1584~1609 등 3대에 걸쳐 이어졌다.

어머니를 비롯한 이들 남매가 남긴 작품은 조선 중기 우리 서화계에 신선한 충격과 아울러 지대한 영향을 끼쳤다. 매창은 어머니로부터 교훈을 받아 여자의 규범을 익히고 경전과 《사기》에 능통해 그 재주와 학식이 보통사람보다 지나쳐 깊은 지혜와 원리를 가졌던 인물이라 했다. 심지어 동생 율곡도 벼슬길에 있으면서 크고 작은 일에 매양 의심나는 일이 있으면 지체 없이 누이에게 자문을 구했다.

정홍명鄭弘溟의 《기암잡록畸庵雜錄》에 "율곡이 벼슬에 오른 뒤에 무릇 국가의 중대사가 있으면 그 누이에게 물었다. 북방 변란 때 율곡이 병조판서로 있으면서 군량미를 걱정하자, 그 누이가 이에 대한 방책을 알려 주자 율곡은 탄복하고 즉시 계청해서 시행하였다"라고 했다. 율곡이 지혜를 구할 정도로 총명했던 누님은 어머니의 예술적 재능을 그대로 이어받았다. 특히 매화 그림에서는 어머니의 솜씨를 능가한다는 평도 있다.

〈월매도〉의 구도를 보면 사임당의 〈고매첩〉 제7폭 '월중매'와 비슷하다. 고목 본래의 둥치를 화면 중앙 하단에 안정되게 배치하고 뭉툭하게 꺾인 굵은 줄기를 좌우 두 갈래로 나누어 놓고 그 사이에는 중간 굵기의 꺾인 가지를 우뚝 세워 놓았다. 바로 이 꺾인 가지 양쪽 사이로 두 줄기의 새 가지가 달을 향해 힘차게 뻗어 올랐다. 사임당의 '월중매'는 매화 가지가 희미한 달을 꿰뚫고 치솟은 반면, 매창의 〈월매도〉는 달 왼쪽을 약간 비껴 솟아오르도록 하고 또 매화 꽃봉오리가 맺힌 가지는 보름달에 닿을 듯 말 듯하게 배치하여 달과 매화의 운치를 한껏 살렸다.

한국학중앙연구원 이성미 명예교수는 "수직으로 뻗어 올라간 마들가리들의 가늘고 힘찬 모습, 몇 송이 안 되지만 탐스럽게 매달려 있는 꽃들과 꽃봉오리, 그리고 오른쪽 상단 여백을 거의 다 채울 만한 큼직한 보름달 등의 묘사는 조선 초기에서 중기로 넘어가는 시기의 전형적인 묵매 양식을 보여 준다"라고 했다.

간결한 구도와 강인하고 신속한 필치, 담묵 위주의 묘사, 줄기와 가지를 중시하는 화면 구성에서 사임당의 영향이 강하게 간취된다. 특히 담묵으로 매우 정갈하게 묘사된 가지, 윤곽선이 없는 몰골의 점매법으로 묘사된 꽃의 형태, 농묵으로 간결하게 처리된 화심의 표현 등은 조선 최고의 묵매화가 어몽룡魚夢龍의 〈월매도〉보다 오히려 '청담고아'한 정취가 더 깊이 느껴질 정도이다.

매창의 또 다른 그림 〈연매도〉 역시 청신한 매화 가지를 통해 매화의 절개와 지조를 나타내려고 했다. 화면 오른쪽 하단에서 왼쪽 상단에 걸쳐 주간을 대각선 방향으로 배치하고 중앙에는 연무로 나무를 살짝 가려 신비로움이 감돌게 했다. 담묵을 적절히 사용하여 가며 표현한 자연스러운 가지의 배치, 파묵破墨과 발묵潑墨이 능숙하게 구사된 둥

매창, 〈월매도(강원도유형문화재 제12호)〉, 오죽헌시립박물관

치, 크기와 형상을 달리하는 다양한 꽃의 묘사, 적재적소에 찍힌 태점의 운율감, 안정된 균형 감각과 적절한 공간의 배분 등에서 매창의 탁월한 미감을 엿볼 수 있다.

문인화단에서 사군자 가운데 묵매를 첫째 자리에 놓은 까닭은 강인한 생명력, 고고한 자태, 청아한 풍골, 은근한 향기 같은 매화의 정취가 올곧은 선비의 기질과 닮아서였다. 매창의 매화도는 이같이 매화가 지니고 있는 본질을 살려 여성의 정갈하고 섬세한 필치로 매화 특유의 청신한 기운을 잘 살려 냈다.

화경의 정수 〈사계수묵화조도〉*

이매창은 어몽룡의 〈묵매도〉보다 청담고아한 정취가 더 깊이 느껴지는 〈월매도〉를 남겼을 뿐만 아니라 수묵화조도에서도 어느 사대부 문인화가와도 비견할 수 없는 뛰어난 작품을 남겼다. 이창용 교수가 기증한 이매창의 〈사계수묵화조도〉 4폭은 뚜렷한 계절감을 곁들인 뛰어난 작품이다.

첫 번째 폭은 '참새' 그림으로 알려져 있으나 눈 주위와 턱 부분의 흰 점이 보통 참새와 다르고 꼬리도 참새보다 길어 박새일 가능성이 크다. 지금까지 알려진 대부분의 영모화조도에 박새가 등장하는 점이

---

* 이 내용 중 일부는 가톨릭관동대학 발행 《사임당 가족의 시. 서. 화》 중 한국학중앙연구원 이성미 명예교수의 〈율곡 일가의 회화〉를 참고하였다.

매창, 〈사계수묵화조도〉 4폭(폭의 순서에 따라 번호 매김), 오죽헌시립박물관

라든가 또 박새가 벌을 좋아하는 점 등으로 볼 때 더욱 그렇다. 그러나 지금까지 참새로 전해 내려오고 있으니 참새로 부르기로 하자.

화면 왼쪽 하단에서 뻗어 나온 고목나무 가지에 쌍방향으로 나뭇잎을 밀도 있게 배치했다. 나뭇잎을 활짝 펴서 그리지 않고 여린 새순으로 표현한 점으로 보아 계절이 봄임을 알 수 있다. 나뭇가지에 한 쌍의 새를 앉혔는데 암컷으로 보이는 새는 머리를 깃에 묻은 채 쉬고 있고 수컷은 마침 날아든 벌이 조금만 더 가까이 오면 금방이라도 낚

아채려는 듯 숨죽이며 노려보고 있다. 자연스러운 가지의 배열, 참새 깃털의 농담 처리, 쏘아 댈 듯 노려보고 있는 긴박한 자세 등에서 이 매창의 능숙한 필치가 돋보인다.

두 번째 폭은 '참새와 대나무' 그림이다. 화면 대각선으로 토파를 점을 섞어 담묵으로 표현하고 대각선 아래위 방향으로 두 무더기의 대나무 포기를 배치하였다. 초여름임을 암시하듯 막 솟아나는 죽순을 담묵으로 표현하였다. 한 쌍의 참새는 대각선 반대 방향에 배치하여 전체적인 조화와 균형을 이루었다. 수컷은 대나무 숲 사이에 앉아 있고 암컷은 수직으로 날아 내리는 자세를 취하고 있다. 정적인 분위기에서 율동감을 느끼게 했다. 농담의 변화를 주며 섬세하게 표현한 깃털가락, 대나무 끝 무더기에 '个'자 형 죽엽조를 배치하여 마무리한 세련된 죽엽의 처리, 담묵으로 생동감 있게 묘사한 죽순 등에서 매창의 그림이 조선 3대 묵죽화가로 불리는 이정, 유덕장柳德章, 신위申緯의 묵죽화에 영향을 끼쳤음을 볼 수 있다.

　세 번째 폭은 '달과 기러기'를 그렸다. 화면 왼쪽 하단부에서 위쪽으로 갈대를 배치하고 화면 상단 중앙에 보름달을 표현하였다. 달 아래 부분을 스치고 지나간 서리 맞은 갈대꽃이 자연스럽게 아래로 꺾이어 우측 빈 공간을 채우고 또 하나의 갈대꽃은 꺾이지 않고 꼿꼿이 선 채로 왼쪽 화면을 채웠다. 화면 아랫부분 수초와 갈대 사이에는 북극에서 막 날아온 듯한 기러기 한 마리가 머리를 움츠리고 꺾어진 갈대꽃을 바라보며 날개를 쉬고 있다. 담묵으로 표현한 풍성한 갈대꽃의 흑백의 조화, 농담을 적절히 섞어 자연스럽게 표현한 갈대 잎, 세필 묵선으로 묘사한 갈대 줄기 등의 처리는 여간한 필력이 없이는 불가능한 표현이다. 먹으로 대나무 잎을 치듯 사실성을 강조한 갈대 잎 끝에서는 가벼운 살랑임이 느껴질 정도이며, 조용히 휴식을 취하고 있는 기러기의 편안한 자세에서는 정밀감이 감돈다. 예로부터 갈대와 기러기 그림은 무병장수를 의미하는 '노안도'라 하여 문인화가들이 즐겨 그렸다.

네 번째 폭은 '설경과 새'로 불리는 그림이다. 화면 왼쪽 중앙에서 뻗어 나온 나뭇가지에 눈이 소복이 쌓였다. 나뭇가지 위에는 한 마리의 새가 가슴 깊숙이 머리를 파묻고 추위를 피하고 있다. 나뭇가지는 빠른 필선으로 죽죽 그어 대 한겨울의 앙상한 가지 모양을 사실적으로 나타냈다. 화면 왼쪽 중앙에서 나뭇가지를 돌출시킨 대담한 구성과 한 마리의 새 이외에는 다른 어떤 경물도 그려 넣지 않은 극도로 간략화된 작품이다. 새의 묘사에서도 날개 깃털 부분만 농담을 섞어 칠하였고 가슴 부위는 가는 선으로만 나타냈다. 가슴 깊숙이 묻은 새의 머리 부분을 검은 먹을 사용하여 살짝 점을 찍듯 표현한 기발한 착상에서 매창의 예리하고 섬세한 관찰력을 엿볼 수 있다.

매창의 〈사계수묵화조도〉는 언뜻 보면 화면 구성이 단순하고 무심한 듯 보이지만 경탄스러울 정도로 정교하게 짜여 있다. 앞서 소개한 '매화도'와 더불어 매창 화경畵境의 정수를 보여 주는 걸작이다. 비록 어머니 사임당으로부터 전수받은 규방 작품이긴 하나 이매창 특유의 섬세한 눈썰미와 세련된 필치는 '영모화조도'의 3절로 불리는 김시金禔, 김식金埴, 조속趙涑의 작품보다 오히려 한 수 윗길임은 의심의 여지가 없다 하겠다.

포도 그림의 일인자 옥산 이우

사임당의 막내 옥산 이우 또한 어머니의 솜씨를 이어받아 시·서· 화·금을 다 잘하여 사절이라 불렸다. 율곡이 평소 막내아우를 가장 사랑하고 아꼈던 까닭도 일찍 돌아가신 어머니의 솜씨를 그대로 보는 듯싶어서였을 것이다.

율곡은 어머니의 지적 자질을 물려받았지만 옥산은 예술적 재능 을 이어받았다. 서법書法은 물론 화법畵法까지 어머니 사임당의 예술 경지를 뛰어넘었다고 볼 수 있다. 옥산의 8대손 이서가 쓴 〈가전서화 첩발문〉에 "옥산공은 재주가 넘친 데다 기예까지 능하여 거문고 가락 이 세상에 뛰어났고, 그림의 품격이 조화를 빼앗아 일찍이 묵화로 풀 벌레를 그려 길에다 던지자 뭇 닭이 한꺼번에 쪼았으니 이것이 바로 세상에서 이른바 세 가지 뛰어난 재주"라 하였다

옥산은 서법을 논한 것과는 달리 화법에 대해서는 논한 것이 없 다. 다만 1559년 58세 때 강릉에 왔다 평소 교분이 있던 서호갑徐虎甲 이라는 사람이 한 폭의 그림을 청하자 정 때문에 그림을 그려 주면서 그림 뒤에 발문을 지은 것이 있다.

내가 어렸을 적에 초라한 산방山房에서 공부를 하였는데 창문을 열고 책을 펼치려는데 우연히 스님이 채마밭에서 넝쿨을 끌어당기자 열매가 달려 있는 것을 보게 되었다. 때마침 순수한 마음이 일어 실상에 따라 붓을 놀려 애오라지 한가한 가운데 한 폭의 묵희墨戲를 만들었을 뿐이라 감히 여러 사람에게 내보일

만한 것은 못 되었다. 자라서는 이 같은 그리기를 그만둔 지가
거의 30여 년은 되었다. 정유년1597 겨울에 강릉으로 피란을
왔었는데 서호갑과는 대대로 교분이 두터운 데다 다행히
그와 함께 한집에 기거하게 되었다. 동리 사람들이 내가 그림에
뛰어나다는 잘못된 소문을 듣고는 명주와 비단을 끊어 곱게
물을 들여 가지고 와 그림을 그려 줄 것을 청하였다. 해를
넘기자 그 청은 더욱 간절해졌고, 또 장차 멀리 떠나려고 하니
정을 보아서도 그만둘 수 없었다. 그러나 그 무렵 안질이 있어
자못 추졸醜拙함을 보탰으니 비웃을 수도 있겠다.

- 《옥산집玉山集》

또 옥산의 나이 62세 때 일가친척 되는 권운경權雲卿이 그림책을
가지고 와서 똑같이 그려 달라고 청하자 마지못해 이를 수락하면서
그림 뒤에 발문을 썼다.

내가 젊었을 때 풀과 꽃이 퍼져 무성한 모습과 벌레가
날아다니고 고기가 뛰노는 모습이 보기 좋아 그것을 묵희의
소재로 삼은 적이 있었다. 그러나 일찍이 정밀하게 연구하고
잘 그려 보려고 노력한 적은 없었고, 다만 흥이 나는 대로
마음이 알맞은 정도에 그쳤고 이미 그 같은 것이 무익하다는
것을 알고는 그만둔 지가 몇년은 되었다. 권군 운경은 3세대를
사귀어 친하기가 일가친척과 같은데 하나의 책자를 가지고 와
그림을 모사해 달라고 한 지가 여러 해 되었다. 그런데 청함이
더욱 부지런하니 감히 솜씨가 거칠고 보잘것없다는 이유로 굳이
사양하지 못하였다. 그러나 60세 늙은이가 눈은 어둡고 손은

옥산 이우, 〈묵포도〉, 오죽헌시립박물관

떨려 거의 모양새를 이루지 못하였으니 청람淸覽하기에 부족하나
이따금 펴 보시면서 천리에 면목을 보듯이 한다면 그것으로
좋을 듯하다.

― 《옥산집》

　　지금까지 알려진 대작 포도 그림으로는 옥산보다 한 세대 아래인
이계호가 그린 〈묵포도〉가 알려져 있었다. 그러나 옥산의 〈묵포도〉가
세상에 알려짐으로 해서 자리를 바꾸게 되었다.

　　앞에서 살펴보았던 것처럼 옥산의 포도 그림은 화면 좌우와 중앙
상단부에서 가지를 늘어뜨리고 생동감 있게 포도송이를 배치하였다.
화면 중앙과 하단부에 여백을 주어 자칫 어지럽게 느껴질 수도 있는
포도 넝쿨을 간결한 느낌이 들도록 표현하였다. 전체적인 구도나 묘
사는 어머니의 포도 그림과 매우 유사하지만 '之'자 형태로 사선을 그
리며 내려오는 포도 줄기의 포치는 어머니의 작품에 비해 변화감과
율동감이 훨씬 강조되어 있다. 또한 줄기와 잎사귀의 농담의 대비와
빠르고 골기 있는 필치는 화면 전체의 기세를 한껏 고조시켜 둥근 포
도 알과 유연한 포도 넝쿨로 인해 자칫 연미한 자태가 드러나기 쉬운
포도를 마치 묵죽이나 묵매와 같이 청신하고도 강직한 미감으로 승화
시켜 놓고 있다. 줄기를 수척하게 표현한 것은 청렴함을 나타낸 것이
고, 마디를 굳세게 표현한 것은 강직함을, 가지를 약한 듯 보이게 한
것은 겸손함을 나타낸 것이다. 일찍이 진사시에 올라 괴산군수와 군

자감정을 지낸 옥산의 참모습을 이 묵포도에서 보는 듯하다. 포도 그림의 일인자로 알려진 황집중의 〈묵포도〉보다 넝쿨과 포도송이 표현이 더 풍부하다는 느낌이다.

오늘날 전하는 옥산 일가의 각종 서화는 옥산의 맏아들 경절景節이 낳은 4형제 가운데 집의 후손 학정공鶴汀公 동명東溟이 수집하고 보관함에 있어 극진히 정성을 다하였다. 이는 또 온갖 고난과 역경을 무릅쓰고 논산論山 이장희李璋憙 선생께서 지키고 보관하여 오다 아들 이재곤李在坤 교수에게, 이재곤 교수는 아들 이창용 교수에게 물려 주자 이창용 교수는 이 모두를 고스란히 오죽헌시립박물관에 기증하였다. 이장희 선생은 옥산공의 14대 손이며, 이창용 교수는 16대 손이다.

공자는 "부모님이 돌아가신 지 3년이 지나도 부모가 생전에 하시던 일을 고치지 아니하면 효자라 일컬을 만하다"라고 했다. '백행의 으뜸인 효'를 3년이 아니라 3대에 걸쳐 실천한 효의 가문이라 고개가 절로 숙여진다.

어머니와 장인의 서풍을 이어받은 옥산의 글씨 *

맏딸 이매창이 어머니의 그림 솜씨를 이어받았다면 막내아들 옥산 이우는 어머니의 서풍을 물려받았다. 옥산은 자질이 뛰어나 문사

가 고고하고 서화도 잘했다. 시·글씨·그림·거문고에 특출하여 '사절'이라 불렸을 뿐만 아니라 천문·지리·복서에도 두루 통하였다고 한다. 우암 송시열은 "옥산공은 참깨에 '거북구龜'자를 썼으며 콩을 쪼개한쪽 면에 5언 절구를 써도 글씨의 짜임이 조금도 흐트러짐이 없었다"라고 했다. 1567년 진사시에 올라 사헌부감찰, 비안현감, 고부군수, 괴산군수를 지냈으며 1605년 군자감정에 제수되었으나 병으로 나가지 않았다.

옥산은 1589년 중국과 우리나라 역대 명필의 글씨를 논한 〈논서법論書法〉이란 글을 지었는데 여기에 그의 서예관이 고스란히 담겨 있다. 여기서 그는 역대 명필의 글씨를 옛 문헌을 인용하여 비유하고 아울러 자신의 견해를 밝히면서 특히 진·당의 필법으로 돌아갈 것을 말하였다. 옥산은 〈논서법〉에서 어느 특정한 서풍에 치우치지 않고 폭넓게 수용하려는 태도를 보였다.

먼저 진·당의 의고법으로 진나라 왕희지, 왕헌지王獻之, 위나라 종요鍾繇, 당나라 태종, 진경, 장욱, 회소 등을 거론했는데 옛 서론에서 각 명필의 글씨를 형용한 명구를 인용하여 설명하였다. 당唐 서호徐浩의 글씨는 "늙은 규룡虬龍이 돌을 후비는 듯, 목마른 천마가 냇가로 치달리는 듯하다"고 했고 당 아서亞栖의 글씨는 "놀란 뱀이 풀숲에 들어가는 듯, 나는 새가 숲에서 뛰쳐나오는 듯하다"고 했다. 또 우리나라 명필로는 신라의 김생金生을 비롯하여 스님으로 명필인 영업靈業, 조맹부 서풍의 명필로 조선의 안평대군 이용李瑢을 거론하였다. 이어 "아

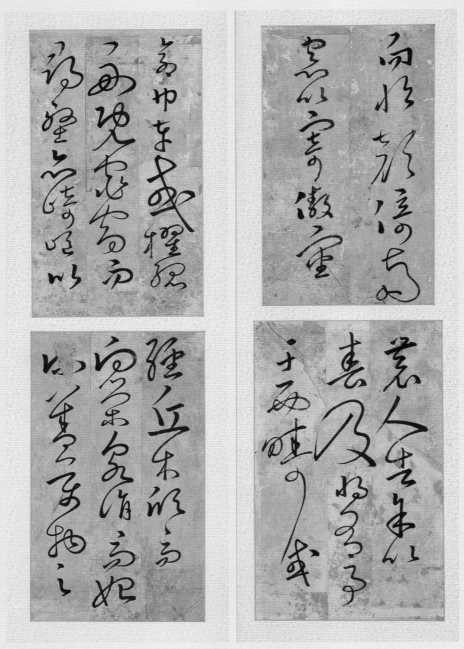

옥산 이우, 〈귀거래사초서(강원도 유형문화재 제13호)〉 16폭 병풍, 오죽헌시립박물관

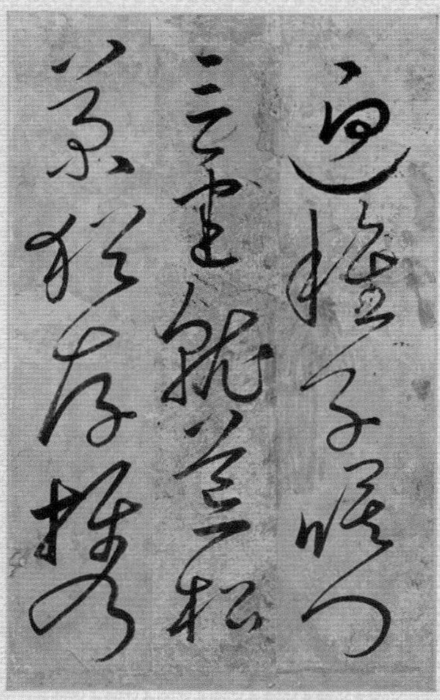
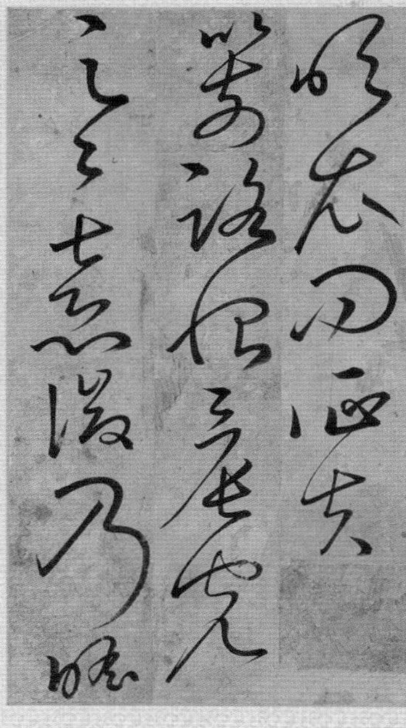
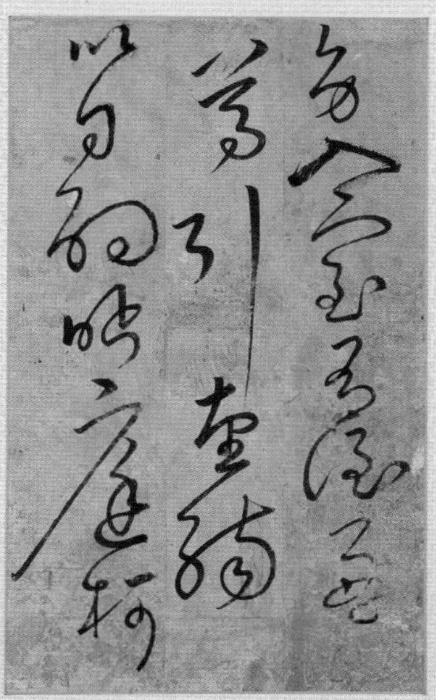
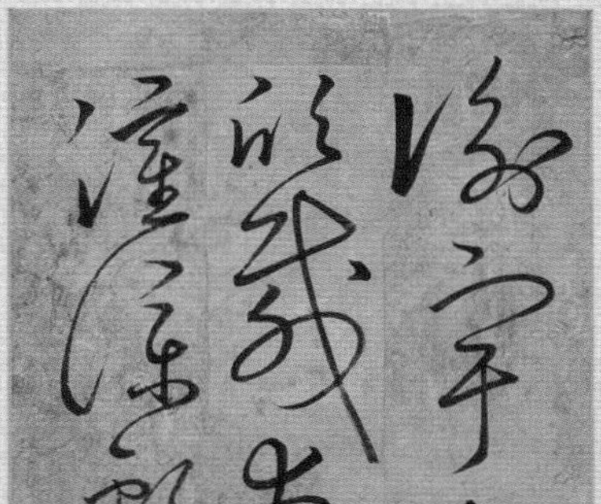

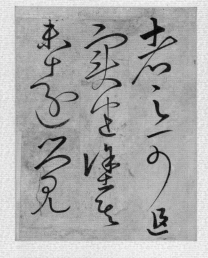

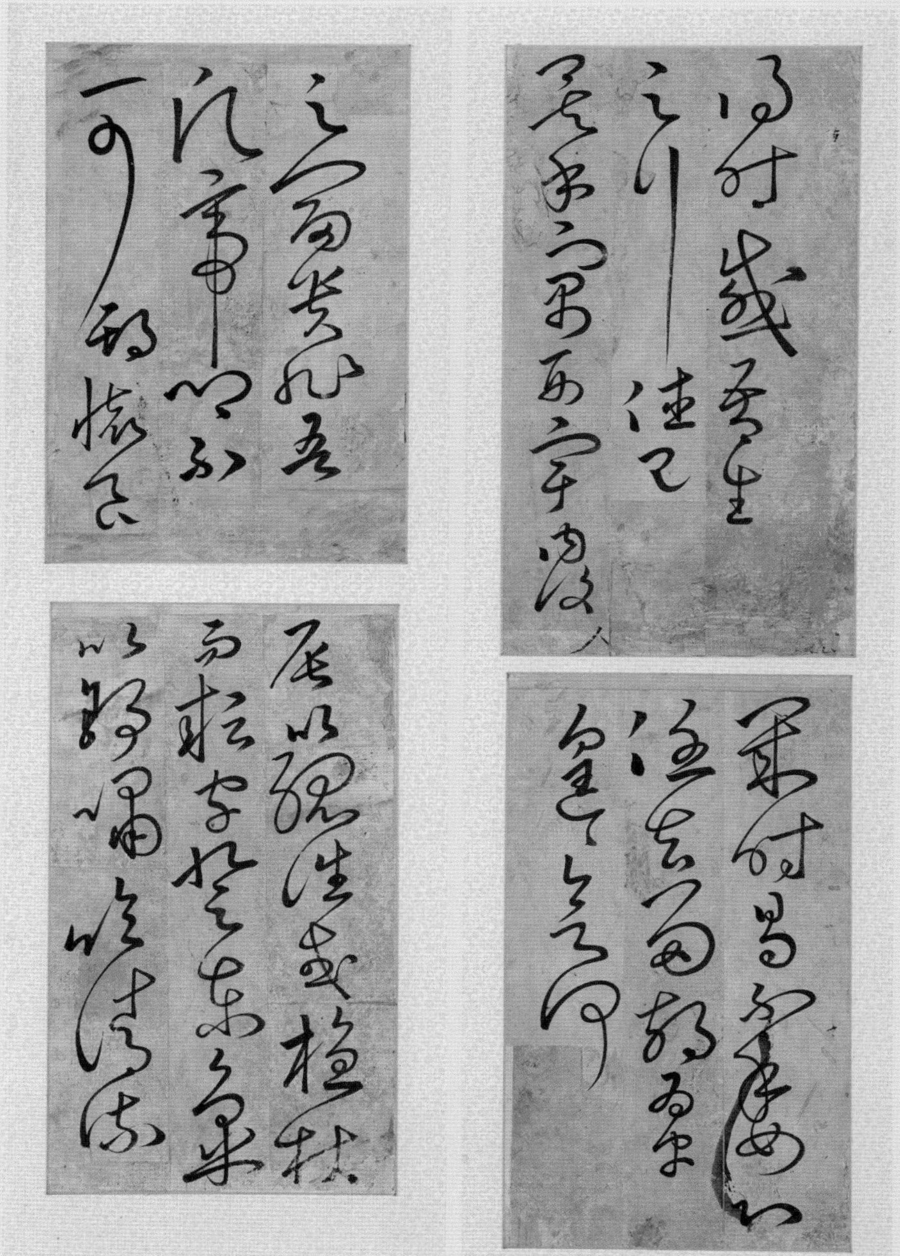

름다운 난초와 춤추는 바람처럼 일취가 유동하는 듯하다"와 "늙은 소나무 위에 눈이 쌓인 듯 고풍스러운 기운이 속됨을 끊은 듯하다"라며 명필의 정수를 발췌했다.

강원도유형문화재 제13호로 지정된 옥산의 〈귀거래사초서병풍〉은 도연명의 〈귀거래사〉를 쓴 것인데, 끝부분에 "병진모춘옥산서사[丙辰暮春玉山書似]"라 밝힌 점으로 보아 옥산의 나이 15세 되던 1556년 3월에 어머니의 글씨를 모범 삼아 썼음을 알 수 있다.

옥산의 서풍은 습작기에는 어머니의 정중 단아한 글씨를 익히다 율곡 형님의 주선으로 당시 해동초성海東草聖으로 이름난 고산 황기로의 외동따님에게 장가들면서 장인의 서풍을 수용하게 되었다. 고산도 사위의 글씨를 평하기를 "서법의 씩씩하기는 나보다 낫지만 아름다움에서는 미치지 못하는데 조금만 더 공을 기울인다면 내가 미칠 바가 아니다"라고 했다. 송시열은 〈옥산시고서玉山詩稿序〉에서 "필법이 정묘하고 웅건하여 용이 천문으로 날아오르고, 뱀이 풀숲으로 들어가는 것 같아 그 글씨를 얻은 자는 천하에 이름난 값진 보석보다 더 귀중하게 여겼다"라고 했다. 심지어 선조도 옥산의 글씨를 크게 칭찬하면서 어필 서화를 자주 하사했다고 한다.

옥산은 글씨에 뛰어났을 뿐만 아니라 형제간에 우애도 남달랐다. 특히 율곡 형님과는 늘 자리를 함께했고 잠시도 떠나지 않았다. 한가로이 머물 때면 반드시 술을 준비하고 형님을 위해 거문고를 탔다. 형님의 임종을 끝까지 지켰으며 예를 다하여 장례를 치렀다.

한국학중앙연구원 이완우 교수는 "조선 중기 시와 글씨로 당대를 주름잡던 백광훈白光勳, 백진남白振南, 부자와 함께 사임당서파師任堂書派를 형성한 이우는 17세기 중·후반 우리나라 초서풍에 크나큰 영향을 미쳤다"라고 했다.

一
부
록

사임당의 일생

| 1504 | 1세 | 음력 10월 29일 강릉 북평촌, 지금의 오죽헌에서 딸만 다섯인 집안에 둘째 딸로 태어났다. 아버지는 평산신씨, 어머니는 용인이씨이다. 어머니 이씨가 외동딸인 관계로 서울로 시집을 갔으나 강릉의 친정어머니를 모시기 위해 북평촌에서 생활하다 사임당을 낳았다. |

| 1507 | 4세 | 외가에서 태어난 사임당은 어머니는 물론 학문이 높은 외할아버지와 외할머니 품에서 각별한 사랑과 교육을 받으며 자랐다. |

| 1510 | 7세 | 어려서부터 그림에 소질이 있었다. 이때부터 세종 때의 유명한 화가 안견의 그림을 본받아 산수 그림을 비롯하여 풀벌레, 포도, 매화 등 여러 가지 그림을 공부하기 시작하였다. |

| 1511 | 8세 | 타고난 총명에다 외할머니와 어머니의 자상한 교육에 힘입어 유교 경전과 《사기史記》를 공부했으며, 글씨와 문장, 바느질과 자수에 이르기까지 뛰어난 솜씨를 보였다. |

1516	**13세**	학문이 높았던 아버지 신명화가 서울에서 진사 시험에 올랐다.
1519	**16세**	기묘사화己卯士禍가 일어나 조광조趙光祖를 비롯하여 그를 따르던 많은 선비들이 화를 입었다. 아버지 신명화는 같은 동지였으나 다행히 화를 입지는 않았다.
1521	**18세**	강릉 북평촌에서 외할머니 최씨가 세상을 떠났다. 이때 아버지 신명화는 장모가 세상을 떠난 줄 모르고 강릉으로 내려오다 여주에 이르러서야 소식을 듣고 갑자기 충격을 받아 음식도 못 먹고, 잠도 못 자고 기운이 점점 쇠약해졌다. 겨우 강릉에 도착했을 때에는 거의 죽게 되었다. 그러자 사임당의 어머니 이씨는 남편이 살아나지 못할까 염려해서 밤낮으로 하늘을 우러러 기도를 했다. 그러던 어느 날 이씨는 새벽에 몰래 남편이 차던 작은 칼을 지니고 선조의 묘에 올라가 향불을 피우고 절하고 기도하기를, "첩이 남편을 따른 지 20여 년이 되었습니다. 그간 남편은 불의한 짓을 하지 않았고, 첩도 남편의 뜻을 저버린 적이 없습니다. 그런데 하느님께서 어쩌면 이토록 가혹한 죄를 내리십니까? 첩은 이미 어머니를 여의었으니 우러를 데라고는 남편밖에 없습니다. 남편마저 첩을 버리게 된다면 어찌 혼자 세상을 살 수 있겠습니까?"라 하고, 드디어 칼을 뽑아 왼손 가운뎃손가락을 자르니 피가 철철 넘쳐흘러 흥건히 괴었다. 이씨는 남편이 이 사실을 알까봐 내색을 않고 있었다. 그런데 그날 밤 사임당이 하늘에서 대추만한 크기의 약을 가진 신인神人이 나타나 그 약을 아버지 입에 넣어 주는 꿈을 꾸었다. 얼마 지나지 않아 아버지의 병은 씻은 듯이 나았다. 훗날 외손자 율곡은 외할머니의 이 같은 행실에 하늘도 감동했다는 내용의 외할머니 〈이씨감천기李氏感天記〉를 지었다.
1522	**19세**	서울 덕수이씨 이원수에게 시집을 갔다. 사임당보다는 세 살 위였다. 시집가던 해 아버지 신명화가 세상을 떠났다.

1524	**21세**	친정아버지의 3년 상을 치른 다음 서울 시댁으로 올라갔다. 이해 맏아들 선을 낳았다.
1528	**25세**	강원도 관찰사 황효원이 어머니 이씨의 부덕을 중종 임금에게 알리자 효부로 이름 난 친정어머니 이씨의 열녀각이 세워졌다.
1529	**26세**	• 맏딸 매창을 낳았다. • 그 후 27세에서 31세 사이에 둘째 아들 번과 둘째 딸을 낳았다.
1536	**33세**	• 시댁 선대가 살던 경기도 파주에 옮겨 살다 친정과 가까운 평창군 봉평에서도 생활하였다. 이곳에서 동해 바닷가에서 한 선녀가 살결이 눈부시게 희고 오색 광채가 나는 옥동자를 품속에 안겨 주는 꿈을 꾸고 셋째 아들 율곡을 배었다. • 산달이 가까워 오자 봉평에서 강릉 친정으로 내려와 어머니의 보살핌을 받았다. 그리고 동해바다에서 검은 용이 날아와 문 머리에 서리는 꿈을 꾸고 율곡을 낳았다.
1540	**37세**	사임당이 병으로 자리에 눕게 되자 집안 사람들이 모두 근심하고 있을 때 다섯 살 난 율곡은 혼자 외할아버지 사당에 들어가 무릎을 꿇고 엎드려 어머니 병을 낫게 해 달라고 기도를 하고 있었다. 집안 사람들이 어린 율곡을 달래어 데리고 왔다.
1541	**38세**	사임당은 강릉 친정어머니에게 인사를 드리고 여섯 살인 율곡을 데리고 서울 시댁으로 올라왔다. 올라오던 도중 대관령 중턱에서 어머니가 계시는 북평촌을 바라보고 눈물을 흘리며 시를 지었다. 이 때 지은 시가 〈대관령을 넘으며 친정을 바라보다[踰大關嶺望親庭]〉라는 7언 절구이다. 올라오자 수진방, 현재 청진동에서 시댁 살림살이를 도맡아 하였다.

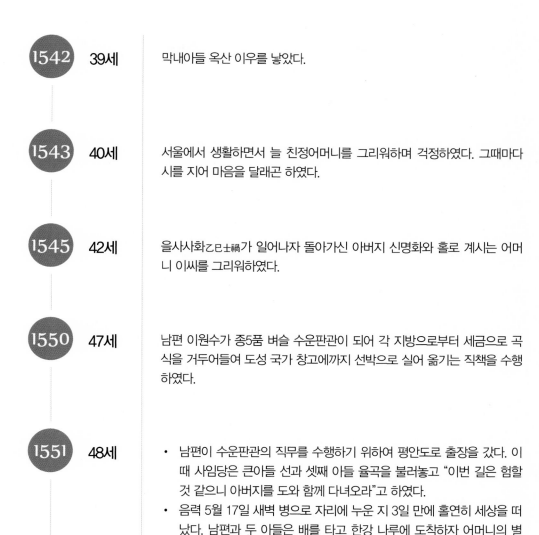

1542 **39세** 막내아들 옥산 이우를 낳았다.

1543 **40세** 서울에서 생활하면서 늘 친정어머니를 그리워하며 걱정하였다. 그때마다 시를 지어 마음을 달래곤 하였다.

1545 **42세** 을사사화乙巳士禍가 일어나자 돌아가신 아버지 신명화와 홀로 계시는 어머니 이씨를 그리워하였다.

1550 **47세** 남편 이원수가 종5품 벼슬 수운판관이 되어 각 지방으로부터 세금으로 곡식을 거두어들여 도성 국가 창고에까지 선박으로 실어 옮기는 직책을 수행하였다.

1551 **48세**
- 남편이 수운판관의 직무를 수행하기 위하여 평안도로 출장을 갔다. 이때 사임당은 큰아들 선과 셋째 아들 율곡을 불러놓고 "이번 길은 험할 것 같으니 아버지를 도와 함께 다녀오라"고 하였다.
- 음력 5월 17일 새벽 병으로 자리에 누운 지 3일 만에 홀연히 세상을 떠났다. 남편과 두 아들은 배를 타고 한강 나루에 도착하자 어머니의 별세 소식을 들었다. 이때 남편 이원수는 51세였고, 큰아들 선은 28세, 맏딸 매창은 23세, 율곡은 16세, 막내아들 옥산은 10세였다. 하늘이 무너지는 슬픔 속에 파주 자운산 기슭에 장사 지냈다.

二.

후세 사람들이 말하는
사임당

**감교관
어숙권**

사임당은 어려서부터 그림 공부를 했는데 그의 포도와 산수 그림은 절묘하여 평가하는 사람들이 세종 때 유명한 안견이란 화가의 다음 간다고 했다. 그러니 어찌 부녀자의 그림이라 하여 가볍게 여길 것이며, 또 어찌 부녀자에게 합당한 일이 아니라고 나무랄 수 있으리오?

**영의정
정호**

옛날 성현들은 인물을 평가함에 있어 도덕이 온전하고 재주가 갖추어진 사람을 일컬어 군자라 했다. 그러나 이 말은 남자에게는 해당되나 부인에게는 상관이 없는 말이다. 남들은 여자란 도덕은 말할 수 있어도 재주는 말할 것이 못 된다 하지만 나는 그렇게 보지 않는다. 여자라도 덕이 이미 온전히 갖추어졌고, 재주 또한 통하지 않음이 없다고 하면 어찌 여자라 하여 군자라 일컫지 못하겠는가! 사임당은 여자 중의 군자라 일컬어도 손색이 없을 것이다. 큰 인물을 낳고 길러 꽃다운 이름을 백대에 끼쳤으니 다시 말해서 무엇 하겠는가!

**소설가
허균**

율곡 선생의 모친은 신씨였는데 성품이 차분하고 강직하였으며, 글도 잘쓰고 그림에도 소질이 있었다. 여자로서의 규범이 매우 엄하여 언제나 여자가 지켜야 할 법칙으로 몸을 단속하였으니, 율곡 선생의 학문은 바로 어머니 사임당의 태교에서 얻어진 것이다.

예조판서 김진규	사임당이 그린 풀, 벌레, 나비, 꽃, 오이 따위는 그 모양이 실물과 똑같을 뿐만 아니라 그 빼어나고 맑은 기운이 산뜻하여 화폭 속에서 마치 살아 있는 것 같아 그저 붓이나 빠는 저속한 화가 따위가 능히 따를 수 있는 그런 것이 아니다.
판돈녕부사 송상기	사임당 신씨 부인의 정숙한 덕과 아름다운 행실은 부녀계의 으뜸이다. 우리가 백세의 스승인 율곡 선생을 우러러 받들면서 그를 낳아 훌륭하게 키운 어머니 사임당을 받들지 않아서야 되겠는가!
좌의정 권상하	사임당 신부인의 그림은 필력이 살아 움직이고, 모양을 그린 것이 실물과 똑같아 줄기와 잎사귀는 마치 이슬을 머금은 것 같고, 풀벌레는 살아서 움직이는 것 같으며, 오이와 수박을 보고 있노라면 저도 몰래 입에 침이 흐르니 어찌 천하의 보배라 하지 않으리오. 내 일찍 백대의 스승 율곡 선생을 태산과 북두칠성처럼 받들었는데 이제 또 그 어머님의 필적을 보니 우러러 사모하는 마음 무어라 표현하겠는가!
이조판서 홍양한	그림으로써 세상에 드러난 이는 헤아릴 수 없이 많지만 그 모두는 남자요, 부인은 극히 드물다. 게다가 잘 그리는 사람은 많아도 신묘한 경지에 들어간 사람은 많지 않다. 그러나 부인으로서 그림을 잘 그려 신묘한 경지에까지 들어간 사람은 우리나라에서도 오직 사임당 신씨뿐이다.
형조판서 신석우	사임당 신씨 부인은 타고난 자질이 순정하고 효성이 지극할 뿐만 아니라 지조가 단정하고 순결하며 말이 적고 행실이 바른 사람이었다. 또 경전과 사기에 통하고 문장에도 뛰어났으며, 바느질과 자수에도 신비에 가까울 정도였다. 이 모두를 종합해 볼 때 사임당은 여류 선비가 분명하므로 우러러 사모하는 마음 간절하다.
유학재 오진영	사임당 신씨 부인의 천재는 바로 나면서부터 안다는 것에 가깝다. 왜냐하면 문학, 예술 등의 방면에서 모두 배우지 않고 스스로 터득하였기 때문이다. 일찍이 남에게 나타내 보이지 않았으며, 평생의 언행이 어디에 가든지 중국의 이름난 문왕의 어머니 태임과 같았다. 그리고 단정하고 순일하고 진실하며 장중한 점은 비교할 사람이 없다.

| 동양화가 허백련 | 율곡 선생 어머님 사임당은 여자 중의 군자이다. 나는 평생에 부인을 숭모할 뿐 아니라 마치 자손이 조상을 대하는 것같이 했다. 이제 이 자수 병풍을 보니 그 수를 놓은 법이 어떠하다는 것은 감히 논평하지 못하나 그 그림 그리는 법에서만은 고상하고 청아한 품이 보통 도안 따위와는 견주어 말할 수 없다. |

| 사학자 이은상 | 사임당 신부인은 진정한 효녀로서, 또 착한 아내로서, 그리고 어진 어머니로서뿐만 아니라 다른 일반적인 각도에서 보아도 분명 하나의 인격자요, 학문인이요, 시인이요, 서화에 능한 천재 예술가였음에 틀림이 없다. 그래서 나는 사임당의 노래를 지어 부르게 했다. |

三
·
율곡의 일생

1536　**1세**　12월 26일 새벽 4시 강릉 북평촌. 지금의 오죽헌 외가에서 태어났다. 아버지 이원수 공은 36세였고, 어머니 사임당은 33세였다. 7남매 가운데 다섯째, 아들로는 셋째였다.

1538　**3세**　말을 배우자 곧바로 글을 읽을 줄 알았다. 하루는 외할머니가 석류를 보고 "이것이 무엇과 같으냐?"라고 묻자 "석류 껍질 속에 붉은 구슬이 부서져 있는 것과 같다[石榴皮裏碎紅株]"라고 대답하였다.

1540　**5세**
- 어머니 사임당이 병환중이어서 온 집안이 시름에 잠겨 있는데 어린 율곡은 외조부 사당 안에 들어가서 기도하고 있었으므로 집안사람들이 깜짝 놀라 달래어 안고 돌아왔다.
- 어느 날 큰비가 내려 마을 앞 시냇물이 넘치는데 내를 건너던 사람이 발을 잘못 디뎌 넘어지자 모두들 손뼉을 치며 웃었으나 오직 율곡만은 기둥을 붙들고 혼자 안타까워하면서 걱정하다가 그 사람이 무사히 건너게 됨을 보고서야 비로소 안심하는 빛을 띠었다. 이같이 어릴 때부터 타고난 천성이 효성스러웠으며, 인애仁愛로웠다.

1541	**6세**	강릉으로부터 어머니를 따라 서울로 올라왔다. 당시 서울 집은 수진방이었다. 이때 대관령을 넘으면서 어머니 사임당이 북평촌에 계시는 외할머니를 그리며 7언 절구를 지었다. 훗날 율곡도 어머니만큼 외할머니를 그리며 지극 정성으로 모셨다.
1542	**7세**	처음에는 어머니에게서 글을 배웠다. 더러는 밖의 스승에게 나아가 배우기도 하였으나 애쓰지 않고 학문이 날로 성취되었다. 이때에 이르러서는 문리가 통해 《논어》, 《맹자》, 《중용》, 《대학》 등 모든 경서를 깨달아 알았다.
1543	**8세**	경기도 파주에 선대가 지은 화석정에 올라 시를 지었다. 시의 격조가 높아 시율詩律에 능한 사람도 따를 수 없는 뛰어난 작품이라고들 하였다.
1546	**11세**	아버지가 병환이 나시자 율곡은 팔을 찔러 피를 내어서 입에 넣어 드리고 사당 앞에 엎드려 대신 죽게 해 달라고 기도하였는데 병환이 곧 나았다.
1548	**13세**	진사초시에 올라 학문의 명성이 자자하였다. 나이가 어리자 승정원 사람들이 율곡을 따로 불러 보았는데, 그때 나이가 같은 다른 사람은 교만한 태도를 보였으나 율곡은 평상시와 조금도 다르지 않으므로 사람들은 벌써 큰 인물이 될 줄 알았다고 하였다.
1551	**16세**	5월에 어머니 사임당이 세상을 떠나자 경기도 파주 자운산에 어머니를 모셨다. 이때 율곡은 수운판관인 아버지 출장길에 따라갔다 돌아오는 길에 어머니의 부음 소식을 들었다. 하늘이 무너지는 듯한 슬픔 속에 3년 동안 묘 곁을 떠나지 않고 시묘하였으며, 모든 일을 몸소 실행하였다. 심지어 제기를 씻는 일까지 아랫사람에게 맡기지 않았다. 〈어머니 행장〉을 지었다.

 **19세**

- 우계牛溪 성혼成渾과 친구로 사귀었다. 우계는 나이가 한 살 위였는데도 율곡을 스승으로 섬기려 했다. 그러나 율곡은 굳이 사양하고 도리어 도의道義로써 친분을 맺고 끝까지 변하지 않았다.
- 3월 금강산으로 들어가 1년 남짓 금강산 구석구석을 돌아보고 불후의 명작 〈풍악행〉을 남겼다. "공자가 지혜로운 자는 물을 좋아하고, 어진 자는 산을 좋아한다고 하였는데, 그렇다면 어질고 지혜로운 자가 타고난 기를 제대로 잘 기르려면 산과 물을 버리고 어디에서 구하겠는가!" 라고 하면서 극구 만류하는 친구들을 설득하고 홀연히 금강산으로 들어갔다.

 **20세**

봄에 서울에 있는 집으로 돌아와 다시 강릉 북평촌 외할머니에게 문안을 드리러 갔다. 이때 〈자경문〉을 지었다.

 **21세**

봄에 수진방 서울 집으로 돌아왔다. 이때 관리를 등용하기 위하여 시험을 보았는데 장원으로 뽑혔다.

 22세

9월에 성주목사 노경린의 딸에게 장가들었다.

1558 **23세**

봄에 성주에서 강릉으로 오는 길에 경상북도 예안으로 찾아가 퇴계 이황 선생을 뵙고 학문을 물었다. 이해 겨울에 실시한 과거시험에서 〈천도책天道策〉이라는 글로 장원급제를 하였다. 〈천도책〉이란 천체가 순행하는 이치인 천문과 기상의 이변 등에 대한 책론이며, 여기서 '책'이란 과거시험 문제의 한 종류로 어떤 사안에 대하여 질문하면 이에 대한 대책을 서술토록 하는 형식을 말한다. 당시 시험관들도 율곡의 답안을 보고 감탄을 금치 못했으며, 중국 명나라에까지 알려질 만큼 명성이 높았다.

1561	**26세**	5월에 아버지께서 별세하시자 파주 자운산 어머니 무덤에 합장하였다.

1564	**29세**	봄에 청송聽松 성수침成守琛 선생이 돌아가시자 직접 빈소를 찾아가 문상하고 청송 선생의 행장을 지었다. 7월에 생원, 진사시에 합격하였다. 또 8월에는 명경과에 급제하여 첫 벼슬로 호조좌랑에 임명되었다.

1565	**30세**	봄에 예조좌랑으로 자리를 옮겼으며, 11월에는 사간원 정언에 임명되어 관리를 뽑는 데 청탁을 배제해야 한다고 강력히 주장하였다.

1566	**31세**	다시 정언에 제수되어 "마음을 바로잡아 정치의 근본을 세우고, 어진 사람을 가려 뽑아 조정을 깨끗이 하며 백성을 안정시켜 국가의 근본을 튼튼히 해야 한다"라고 임금에게 상소하였다.

1567	**32세**	명종이 승하하시자 슬픈 마음을 담은 만사輓詞를 지었다.

1568	**33세**	• 2월에 사헌부지평에 임명되었다.

- 4월에 장인 노경린이 별세하였다.
- 11월에 다시 이조좌랑에 임명되었으나 강릉 외할머니의 병환이 급하다는 소식을 듣고 벼슬에서 벗어나 강릉으로 돌아왔다. 이때에 간원諫院에서는 본시 법전에 외조모 근친하는 것은 실려 있지 않다 해서 직무를 함부로 버리고 가는 것은 용서할 수 없으므로 파직시키라고 하였으나 선조는 받아들이지 아니하였다.

1569	**34세**	• 6월에 홍문관 교리에 임명되자 상소하여 사양하였으나 끝내 받아들여지지 않자 7월에 조정으로 올라왔다.

- 9월에 〈동호문답東湖問答〉을 지어 올렸다.
- 10월에 벼슬을 그만두고 강릉으로 돌아가 외할머니 병간호를 하게 해달라고 간청하자 임금은 특별 휴가를 주었다. 이해 외할머니가 90세의 나이로 세상을 떠났다.

1570 **35세**

- 4월에 교리에 임명되어 조정으로 돌아왔다.
- 8월에 맏형 선이 세상을 떠났다.
- 10월에 병으로 벼슬을 그만두고 처가가 있는 황해도 해주 야두촌으로 돌아갔다. 이때 선생을 따라 배우겠다는 많은 선비들이 전국에서 몰려들었다.
- 12월에 퇴계 선생의 부음을 듣고 영위靈位를 갖추고 멀리서 곡하였으며, 아우 옥산으로 하여금 제문을 가지고 가 직접 조문케 하였다.

1571 **36세**

- 정월에 해주에서 파주 율곡리로 돌아왔다.
- 여름에 다시 교리에 임명되어 불려 올라와 곧 의정부 검상사인, 홍문관 부응교지제교 겸 경연시독관, 춘추관 편수관으로 옮겼으나 모두 병으로 사퇴하고 해주로 돌아왔다.
- 어느 날 학자들과 함께 고산高山 석담구곡石潭九曲을 구경하고 해가 저물어 돌아오다가 넷째 골짜기에 이르러 송애松崖라 이름하고 기문記文을 지었으며, 또 남은 여덟 골짜기에도 모두 이름을 붙여 기록하고 은거할 계획을 세웠다.
- 6월에 청주목사에 임명되어 전심으로 민생 교화에 힘쓰며 손수 향약을 지어 백성들에게 실시하게 하였다.

1572 **37세**

- 3월에 병으로 사직하고 서울로 올라와 여름에 파주 율곡리로 돌아왔다. 이때에 유명한 이기설理氣說 때문에 우계 선생과 이론을 전개하기 시작하였다.
- 8월에 원접사 종사관, 9월에 사간원 사간, 12월에 홍문관 응교, 홍문관 전한에 임명되었으나 모두 상소하고 나아가지 않았다.

1573 **38세**

- 7월에 홍문관 직제학에 임명되자 병으로 사퇴코자 했으나 허락을 받지 못해 부득이 올라와 세 번 상소하여 허가를 받아 8월에 율곡리로 돌아왔다. 거기서 임금의 은덕을 칭송한 〈감군은感君恩〉 시를 지었다.
- 9월에 직제학에 임명되어 다시 올라왔다.
- 통정대부 승정원 동부승지 지제교에 승진되고 경연 참찬관과 춘추관 수찬관을 겸임하게 되었는데 소를 올려 사양하였으나 윤허를 받지 못했다.

1574	**39세**	

- 1월에 우부승지에 승진되어 임금의 명령으로 〈만언봉사萬言封事〉를 지어 올렸다. 일곱 가지의 시급히 고쳐야 할 폐단을 지적했는데 "위아래가 서로 믿지 못하고, 일을 책임지려는 신하가 없고, 경연에는 성취하려는 의지가 없으며, 어진 이를 불러들이긴 하나 적재적소에 쓰지 못하고, 백성을 구제할 계책이 없고, 인심을 착한 곳으로 돌리려는 실상이 없다"라 하고 그 해결책을 제시하였다.
- 3월에 사간원 대사간에 임명되었으나 4월에 병을 이유로 물러났다. 또 얼마 안 되어 우부승지에 임명되었으나 사직하고 율곡리로 돌아왔다.
- 6월에 큰아들 경림이 태어났다.
- 10월에 황해도 관찰사에 임명되어 학교를 일으키고, 교화를 숭상하고, 백성의 고통을 구하고, 군정을 닦고, 착한 자를 표창하고, 악한 자를 처벌하는 것을 급선무로 삼자 모든 백성들이 감격하여 따랐다.

1575	**40세**	

- 분당의 동서 당쟁東西黨爭이 일어났다.
- 9월에 〈성학집요聖學輯要〉를 지어 올렸다.

1576	**41세**	

- 2월에 율곡으로 돌아왔다.
- 10월에 해주 석담으로 돌아와 먼저 청계당을 지었다.

1577	**42세**	

- 1월 석담으로 돌아와 종족을 모아 놓고 〈동거계사同居戒辭〉를 지었다. 서모를 친어머니와 같이 극진히 섬겼다.
- 12월 《격몽요결》이 완성되었다. 처음 배우는 사람들이 학문의 방향을 알지 못하자 마음을 세우는 법, 구습을 개혁하는 법, 남에게 처신하는 법 등을 상세히 서술하여 초학자의 지침서로 삼도록 하였다.

1578	**43세**	

- 우리나라 최초의 사립대학인 은병정사隱屛精舍를 건립하고 주희朱熹의 〈무이도가武夷悼歌〉를 본떠 연시조 〈고산구곡가高山九曲歌〉를 지었다.
- 3월과 5월 대사간에 임명되었으나 상소를 올려 사직하였으며, 어지러운 시국을 타개하고 난국을 극복할 수 있는 방책 〈만언소萬言疏〉를 지어 올렸다.
- 7월에 토정土亭 이지함李之涵 선생이 세상을 떠나자 조문하고 겨울에 해주 석담으로 돌아왔다.
- 눈 속에 소를 타고 우계 선생을 방문하였다.

1579 44세

- 둘째 아들 경정이 태어났다.
- 5월에 대사간에 임명되었으나 상소를 올려 사직하면서 어지러운 시국을 바로잡을 방도를 써서 올렸다. 동인·서인이 갈라져 당파 싸움이 점점 심해져 갔으며 율곡까지 싸잡아 공박하자, 송강 정철이 탄식하며 "앞으로 어떻게 이들을 선비라고 부를 수 있으리오"라고 하였다.

1580 45세

- 12월에 다시 대사간의 부름을 받고 나아갔다. 임금이 율곡을 만나 보고 싶어 하는 마음이 간절하여 어쩔 수 없이 나아갔다. 임금이 율곡을 보고 "오랫동안 서로 보지 못하였는데 하고 싶은 말이 없는가?"라고 하자, "임금께서 즉위하셨을 때에는 모든 백성들이 태평을 기대하였는데, 지금까지 옛 제도를 고치지 못하고 폐습을 그대로 답습하고 계시니 어찌 발전을 보시겠습니까? 만약 옛날의 폐습을 버리지 않는다면 결코 좋은 정치를 할 수 있는 가망이 없습니다. 조정의 기강이 무너져 대소 관료들이 자신의 직분을 일삼지 않는 것이 이미 고질이 되었습니다. 먼저 임금께서 자신을 닦은 뒤에 어진 선비를 불러들여 그들에게 성취의 책임을 지게 하신다면 치도治道가 일어날 것입니다"라고 말하였다.
- 사암思庵 박순朴淳이 "율곡이 조정에 나아가니 내 마음이 기뻐 잠을 이루지 못하겠다"라고 하였다.
- 4월에 백성들을 구제하는 방책을 토의하기 위한 회의를 열자고 주청하여 실시하였다.

1581 46세

- 6월에 가선대부 사헌부 대사헌과 예문관제학으로 특별 승진하였다.
- 10월에 자헌대부 호조판서로 승진하였다.

1582 47세

- 1월에 이조판서에 임명되어 세 번이나 사양하였으나 임금이 허락하지 않았다.
- 7월에 〈인심도심설人心道心說〉과 〈김시습전金時習傳〉, 〈학교모범學校模範〉을 지어 올렸다.
- 8월에 형조판서에 임명되었으며, 9월에 숭정대부로 특별 승진하고, 의정부 우찬성에 임명되어 또다시 〈만언소〉를 올렸다.
- 10월에 중국 명나라 사신 한림원 편수 황홍헌과 공과 급사중 왕경민을 영접하는 원접사의 명령을 받고 중국 사신들을 안내하였다.
- 12월에 병조판서에 임명되어 서도西道의 민폐를 임금에게 아뢰었다.

 **48세**

- 6월에 북쪽 오랑캐들이 국경을 침범해 들어온 사실로 사헌부와 사간원, 홍문관의 탄핵을 입어 인책 사직하고 파주 율곡리로 돌아갔다가 다시 해주 석담으로 갔다.
- 9월에 판돈녕부사에 제수되고, 또 이조판서에 임명되었다.

 49세

1월 16일에 서울 대사동, 지금의 인사동 집에서 49세의 일기로 세상을 떠나자 3월 20일 경기도 파주 자운산 기슭 선영에 장사 지냈다.

四

·

후세 사람들이 말하는
율곡

<table>
<tr>
<td>성혼
《언행록言行錄》</td>
<td>우계 성혼이 어느 날 송강 정철의 생일잔치에 초대받아 갔다. 뜰 아래까지 걸어가다 주위에 기생들이 쭉 앉아 있는 것을 보자 멈칫하며 주인에게 말했다. "저 기생들은 오늘 모임에는 어울리지 않을 듯싶소." 그러자 친구 율곡이 곁에 있다 웃으면서 말했다. "공자님도, 물들어도 검어지지 않으면 희다고 말씀하지 않았소. 이 또한 하나의 도리가 아니겠소?" 그러며 자리에 오르자 성혼도 자리에 앉았다.</td>
</tr>
<tr>
<td>신용구</td>
<td>나는 매번 율곡 선생을 대하면 마치 높은 누각에 올라 창문을 모두 활짝 열어 놓은 것 같아서 사람으로 하여금 저절로 못된 마음을 갖지 못하게 함을 느꼈습니다. 그래서 나는 산에는 금강산을 보았고 사람에는 율곡 선생을 보았습니다.</td>
</tr>
<tr>
<td>송시열</td>
<td>율곡 선생의 서모는 성품이 곱지 못했다. 그러나 선생은 끝까지 효성을 다하여 섬겼다. 어느 날 손님이 찾아왔는데 그때 마침 어떤 이가 홍시 한 쟁반을 가지고 왔다. 선생은 찾아온 손님이 시장해 보여서 한 개를 손님에게 주고 자신도 한 개를 손님과 같이 먹고 안으로 들여보냈다. 그랬더니 서모가 두 개가 비어 있는 자국을 보고는, "그토록 먹고 싶었으면 무엇 하러 들여보냈느냐?"라며 크게 꾸짖었다. 선생은 급히 홍시 두 개를 구해 가지고 들어가서, "찾아온 손님이 시장한 기색이 보여서 지레 주었습니다. 제가 잘못하였습니다"라고 했고 서모는 노여움을 풀고 그것을 먹었다고 한다.</td>
</tr>
</table>

| 이제신 | 국가는 인재를 근본으로 삼고 임금은 어진 이를 등용하는 것으로 주된 업무를 삼아야 한다. 국가는 인재가 아니면 집을 짓는 데 재목이 없는 격이고, 임금이 이를 등용하지 않으면 물을 건널 때 노를 버리는 것이나 다름이 없다. 신들이 삼가 보건대 직제학으로 있는 이이는 옛것을 좋아하여 힘써 배운 데다 행실이 바르고 말씨가 곧아서 그 간직한 경륜이 결코 범상한 사람이 아니다. 또 그가 올린 상소를 보니 시대의 폐단을 적중시켰다. 이이가 떠날 때 신들이 적극 붙들지 못한 것이 후회스럽고 민망스럽다. |

| 이귀 《등대록登對錄》 | 율곡 선생이 이조판서로 있을 때다. 나라의 재상, 유명한 인사, 일반 선비들이 집에 찾아와 혹은 예에 대하여 묻기도 하고 혹은 글에 대하여 묻기도 하는 바람에 밤늦은 뒤에야 저녁을 먹었다.
율곡의 아우 옥산이 말하기를, "요즘처럼 허다한 손님을 접견하시다가는 건강을 해칠 것이니 어떻게 합니까?"라고 하자 율곡 선생은, "찾아온 손님을 싫어한다면 해주 석담에서 농사를 짓는 것이 옳다. 나는 바로 재능을 시험하여 인물을 뽑는 자리에 있지 않으냐? 이 직책은 손님을 싫어하는 사람은 할 수 없는 것이야. 사람을 만나 본 후에야 그 사람이 지니고 있는 재능을 알 것이 아니냐? 과거에 달려가는 선비들이 모두 벼슬을 구하겠다는 마음을 가지고 있는데 그들을 모두 물리치면 어떻게 적재적소에 앉힐 사람을 고를 수 있겠느냐?"라고 하였다. |

| 안방준 《우산문집牛山文集》 | 율곡이 어느 날 대신들이 모여 나라 일을 논의하는 자리에서 군사 10만 명을 양성해야 한다고 주장하자 서애 유성룡이 그 자리에서 반대하고 밖으로 나와 율곡에게 핀잔조로 말했다.
"지금은 태평성대이니 지금 힘써야 할 일은 성인의 학문을 닦는 것이네. 군사를 양성하는 일은 급한 일이 아닌데 우리들과 사전에 상의도 없이 그런 말을 아뢸 수 있단 말인가?"
그러자 율곡이 말하기를, "속된 선비들이 어떻게 시대에 힘써야 할 일을 알 수 있단 말인가?"라며 웃기만 하고 대꾸를 하지 않았다고 한다. 그러자 아계 이산해가 옆에 있다가 "서애가 잘못이오, 율곡이 어찌 소견이 없겠소?"라고 말했으나 나머지 사람들은 모두 입을 다물고 말이 없었다. 그러자 율곡은 답답하여, "여러분들은 어찌 이 문제에 대하여 한 마디 말이 없소?"라고 했다. 그러자 김우옹이 있다가, "이것은 우리들이 논할 바가 아니오, 알지 못하면서 말하는 것은 옳지 않소."라고 말하자 이산해가, "그대가 일을 신중히 처리하는 군자와 같군요"라고 농담을 하고 웃으면서 헤어졌다고 한다. |

이덕희 《서애유사西厓遺事》	임진왜란을 겪은 다음이었다. 큰 난을 겪은 뒤라서 모두 얼이 빠져 있던 때에 선비 가운데 한 사람이 말을 했다. "지금에 와서야 보니 율곡 선생은 마음이 공평하고 재주가 높았음을 알 수 있겠소. 지금 율곡 선생이 살아 계신다면 아마 서애와 함께 나라를 구제했을 것이오." 그러자 유성룡이 듣고 있다가 말하였다. "율곡은 일을 처리하는 데 매우 과감하였지. 동료들이 그 당시에는 사회의 정황을 가볍게 보아 군사를 양성하자고 한 것이나 세금 제도를 바로 고치자고 한 것은 모두 시대의 병폐를 환히 꿰뚫어 보고 한 것임을 알지 못했지. 참으로 율곡은 재주가 놀라운 데다 평탄하고 화평한 사람이었지."
허균	율곡 이이가 어려움을 당한 이유는 옛 관습에 젖어 있는 관료들이 세금 제도를 고치는 것은 불편하다, 군사를 양성하는 것은 부당하다, 서자에게도 벼슬길을 터 주는 것은 불가하다, 성을 다시 쌓고 보수하는 것은 합당하지 못하다고 했기 때문입니다. 그런데 병란을 겪고 난 뒤에 조정에서 적을 막고 백성을 편안케 할 대책이라고 내놓은 것이 율곡이 주장했던 것에서 벗어나지 못한 것은 무슨 까닭입니까? 율곡의 선견지명은 이 모두를 이미 수십 년 전에 환히 알고 있었기 때문입니다. 그런데 속된 선비들은 좁은 소견에 이끌려서 요란스럽다느니 타당치 못하다느니 하면서 어지럽게 서로 시새워 미워하였으니 나라가 제대로 다스려질 수 없었음이 당연한 것이 아니었겠습니까? 지금 와서 저마다 떠들어 대고 있으니 참으로 가소로운 일입니다.
허봉	율곡은 전원을 널리 개간하여 집안 식구들을 모두 모아 함께 살 계획을 세웠으나 일이 뜻대로 되지 않은 데다가 가업마저 심하게 기울어 죽 끼니도 제대로 잇지 못했다고 한다.
신흠	선생은 고매하고 탁월한 자질로 임금을 요순 같은 임금으로 만들고, 백성을 요순시대의 백성처럼 만들려는 뜻을 품고서 벼슬길에 나아가 임금에게 바른 말을 아뢰어 임금의 마음을 바로잡고, 삐뚤어진 시대 풍습을 바로잡는 것을 자기 책임으로 삼았다. 또 벼슬길에서 물러났을 때에는 자세하게 생각하고 깊이 연구하여 천리天理를 밝히고 인욕人慾을 제거하는 것으로써 근본을 삼았다.

오죽헌 전경 사진

화폐의 도안 인물이 된 어머니와 아들

화폐에 들어가는 초상화는 그 나라 국민들로부터 가장 존경받는 인물이나 어느 특정 분야에 뚜렷한 업적을 남긴 인물이 채택되기 마련이다. 화폐는 도안의 정수가 담겨 있는 결정체로 국가의 상징이자 얼굴이다.

오죽헌은 여성의 사표요, 겨레의 어머니로 불리는 사임당과 겨레의 스승으로 추앙받고 있는 율곡 이이가 태어난 곳이기에 일찍부터 많은 주목을 받아 왔다. 그러다 이곳에서 태어난 율곡과 사임당 두 모자가 5,000원 권과 5만 원 권의 화폐 도안 인물이 되자 오죽헌은 세계 최초 모자 화폐 인물 탄생지로 부각되면서 더욱 관심을 받게 되었다. 심지어 중국 관광객들 사이에 '오죽헌을 다녀가지 않으면 부자가 될 수 없다'라는 말까지 생겨났다고 한다. 화폐박물관에 따르면 지구

5,000원 권 화폐 앞, 뒷면

5만 원 권 화폐 앞면

상 통용되고 있는 1,600여 종의 화폐 가운데 모자가 화폐 인물이 된 것은 세계적으로 유례가 없다고 한다.

화폐에서 가장 핵심은 인물 초상화이지만 인물과 관련이 있는 보조 소재 또한 화폐의 꽃이다. 2007년 새로 발행된 5,000원 권의 보조 소재로는 사임당의 〈초충도〉 가운데 '수박'과 '맨드라미'가 채택되었다. 사임당의 철학이 담겨 있는 〈초충도〉 가운데 수박은 다산을 상징하는 식물로 가문의 번창을 뜻하고, 맨드라미는 계관화鷄冠花라 벼슬, 즉 입신양명을 의미한다. 따라서 5,000원 권 보조 소재에는 '아들 딸 많이 낳아 훌륭하게 키우자'는 의미가 담겨 있다. 5만 원 권의 보조 소재로는 사임당의 〈묵포도〉 그림과 〈자수초충도〉의 '가지 자수'가 들어 있다. 포도 역시 주렁주렁 달린 탐스러운 열매로 인해 예로부터 '다산과 풍요'를 상징하는 의미로 문인화 범주에 포함되면서 귀한 대접을 받아 왔다.

여성을 화폐 인물로

2004년은 사임당 탄신 500주년이 되는 뜻깊은 해였다. 오죽헌시립박물관에서는 그 2년 전부터 사임당 탄신 500주년 기념행사를 기획하고 있었다. 특히 명망 높은 유학자를 길러 낸 어머니로서의 사임당이 아니라 주체성을 가진 개인으로서의 사임당의 매력을 그의 작품 속에서 찾아보고자 했다. 반 천년이 지나도록 꾸준히 사랑받고 있는 사임당의 매력을 한번쯤 꼼꼼히 살펴보는 것도 흥미로운 일이므로 '아름다운 여성 사임당의 찬란한 예술세계'를 주제로 삼았다. 당시 한국박물관협회 김종규 회장의 도움으로 국립중앙박물관 소장 유물을 대여받는 등, 지금 학예실장으로 있는 정호희 학예연구사의 총괄 기획으로 특별전 준비에 들어갔다.

2004년 2월 분주히 특별전 준비를 하고 있을 무렵, 앞으로 신종화폐를 발행한다면 여성 인물을 화폐에 넣겠다는 한국은행의 보도가 있었다. 우리나라보다 여성의 지위가 비교적 향상되었다고 하는 일본, 중국, 대만, 싱가포르 같은 국가에도 아직 여성 인물을 단독으로 화폐에 넣어 통용하는 나라는 없었다. 만약 보도대로라면 2,400만 여성의 자긍심 고취도 고취려니와 국가의 존경받는 여성을 화폐에 넣어 통용하고 있는 지구촌 10여 개 국가와 어깨를 나란히 할 수 있어 더더욱 자랑스러운 일이 아닌가 자못 설레기까지 하였다.

1962년 우리나라 최초로 화폐에 여성을 등장시킨 100환 권 지폐에 들어 있는 모자상母子像은 천진스럽고 정겨워 보인다. 특정 인물들을 그린 것이 아니긴 했지만 사임당과 율곡의 모자상을 화폐 속에서 보는 예언적 의미가 담긴 것 같아 예사롭게 보이지 않았다. 내심 사임당 같은 인물이 화폐 인물로 채택되기를 은근히 기대하였다. 혹여나 호들갑 떠는 목소리 높은 단체가 선정한 인물을 채택하여 국민들로부터 호응을 얻지 못한다거나, 정치적 논리에 의해 선정된 인물이 채택되어 대·내외적으로 조롱을 받는다면 이 또한 나라의 수치로 아니 한 것만 못 하다는 생각이 들었다.

2007년 2월 한국은행에서 고액권 화폐 발행 계획을 발표하자, 아니나 다를까 일부 여성 단체에서는 자기들이 내세우는 여성이 화폐 인물이 되어야 한다고 목소리를 높였다. 당시 거론되던 여성 인물들로는 선덕여왕, 신사임당, 허난설헌, 유관순, 나혜석, 이만덕 등이 있었다. 당시 나는 오죽헌시립박물관장으로 재직하고 있던 때라 사임당이 최종 선정되기만을 바라고 있었다.

당시 대다수의 국민들은 여성 화폐 인물이라면 무엇보다 여성의 자긍심을 고취시킬 수 있는 인물이어야 하고, 또 여성으로서 대표성과 역사성을 가지고 있는 포근하고 자상한 인물, 그리고 우리 가슴속에 자리하고 있는 친숙한 인물이 채택되기를 기대하고 있었다. 사실 이 같은 조건을 두루 갖춘 인물은 사임당밖에 없다.

첫째, 사임당은 자신의 재능을 스스로 개발한 21세기형 여성이라는 점

둘째, 시와 그림 속에서도 어머니를 그린 효성스러운 여성이라는 점

셋째, 남편을 입신양명케 한 어진 아내라는 점

넷째, 백대의 스승을 낳고 기른 훌륭한 어머니라는 점

다섯째, 정묘한 예술세계를 개척한 최고의 여류 예술인이라는 점

여섯째, 근검절약을 몸소 실천한 참된 살림꾼이라는 점

이것이 사임당이 새 화폐 인물로 선정되어야 하는 명백한 이유였다. 이 무렵 한국은행 화폐 도안 자문위원회에서 2007년 5월부터 1차 고액권 화폐 도안 인물 후보 20명을 대상으로 여론조사를 실시한 후 자체 논의를 거쳐 2차로 김구, 김정희, 신사임당, 안창호, 유관순, 장보고, 장영실, 정약용, 주시경, 한용운 등 10명을 선정 발표하였다. 2009년 상반기 중 발행 예정인 10만 원 권과 5만 원 권 화폐도안 인물을 최종 선정하기 위하여 한국은행에서는 참여마당에 '의견게시판'을 설치하고 2007년 8월7일부터 21일까지 15일 동안 한시적인 여론조사에 들어간다고 했다.

10만 원 권의 경우 김구 선생이 각종 여론조사에서 압도적 지지를 받아 일찌감치 선정되었고, 5만 원 권의 경우 사임당과 유관순이 엎치락뒤치락하며 우열을 가리기 어려웠다. 그러자 오죽헌시립박물관에서는 매표소 입구에 대형 천막을 여러 개 치고, 천막마다 PC를 설치하고 관람객을 대상으로 한국은행 의견게시판에 들어가 사임당이 선정되어야 한다는 당위성 의견을 남긴 분에 대하여 무료입장을 실시하는 등 본격적인 홍보전에 들어갔다.

삼복더위임에도 불구하고 사임당상 수상자 모임인 강원도모현회원을 비롯하여 율곡교육원 사임당21회원, 박물관문화학교 자원봉사

자, 강릉향교 여성유도회, 강릉시여성단체협의회원 등 각 여성 단체 회원들이 앞다투어 구슬땀을 흘리며 홍보전에 뛰어들었다. 때마침 여름 휴가철인 데다 오죽헌시립박물관 관람시간도 오후 여덟 시까지로 연장 운영하던 터라 매일 참여 인원이 장사진을 이뤘다. 결국 최종 화폐 도안 자문위원회에서 전문가 의견을 종합한 결과 마침내 신사임당이 5만 원 권 화폐 도안 인물로 선정되었다. 마지막에 진보 여성 단체들의 반대로 논란이 빚어지긴 했지만 한국은행은 "신사임당이 여성계뿐만 아니라 문화예술인으로서의 대표적 상징성을 보유하고 있는 점 등을 들어 최종 낙점했다"고 했다.

뜻하지 않은 반대

당시 고액권 화폐 인물로 사임당이 거론되자 "사임당은 개인으로서의 여성이 아니라 부계 혈통을 성공적으로 계승한 현모양처로서 지지되고 있다"며, "화폐 인물로 선정되는 것을 반대하며 서명운동을 벌여서라도 적극 저지하겠다"고 성명서를 발표한 사람이 있었다. 또 음악가나 소설가, 여성운동가 등이 화폐 인물로 선정된 외국의 사례를 들며 "현모양처로 부각되어 있는 사임당을 화폐 인물로 선정하고자 하는 것은 시대착오이자 국가적 망신"이라고 했다. 그러면서 새 시대 새 여성을 상징하는 인물과 관련해 "소서노, 선덕여왕, 허난설헌, 만덕, 유관순, 나혜석 같은 인물도 있다"고 했다.

2009년 2월, 5만 원 권 화폐 원본 공개와 발행을 눈앞에 두고도 화폐 인물로서의 사임당의 수모는 계속되었다. "사임당은 흔히 말하는 현모양처와는 거리가 멀다. 결혼 후에도 친정에 남아 부모를 보살폈고, 남편이 첩을 들이는 것에 반대해 애들을 다 놔 두고 마음의 평정을 찾고자 금강산에 들어가 자신을 수행했다"고도 했다. 사임당이 화폐 인물로 적합하지 않다고 하면서 당시 모 중앙일간지에 기고한 글의 일부다. 《율곡전서》나 사임당 관련 글을 읽어는 보았는지 안쓰러웠다. 사임당이 결혼 후에 친정에 남은 것은 시집가던 해 친정아버지가 돌아가시자 3년 상을 치르기 위해서였고, 남편이 첩을 들이는 것에 반대한 이유는 이미 낳은 7남매를 훌륭하게 키우는 것이 부모 된 도리라 반대했다. 금강산에 들어간 것은 사임당이 아니라 아들 율곡이 어머니를 여읜 슬픔을 달래기 위해서였지 사임당이 애들을 팽개치고 금강산에 들어간 것이 아니다.

　　기가 막히고 황당한 기고문은 계속 이어졌다. 위의 모 인물은 글을 마무리 지으면서 "사회가 여성들에게 현모양처만을 큰 덕목으로 강요하는 한, 5만 원 권 화폐를 볼 때마다 애 낳기 싫다고 하면 어쩔 것인가? 신사임당의 본모습을 찾아 주는 것이 강릉에 누워 계시는 그분을 위한 도리이다"라고 했다. 강릉은 사임당과 율곡 모자가 태어난 곳이지 누워 계시는 곳이 아니다. 누워 계시는 곳은 경기도 파주 자운서원이다.

　　너무나 어이가 없는 내용이라 조목조목 반박한 글을 그 일간지에 보냈으나 실리지 않았다. 황당무계한 글을 쓴 사람은 관향貫鄕이 영월이었다. 사임당의 할아버지 신숙권申叔權은 영월군수 재임 시 선정을 베푼 목민관으로 매죽루梅竹樓를 지어 군민들에게 문화 공간을 제공해 주었다. 후일 단종 임금이 유배시 이 매죽루에 올라 〈자규시子規詩〉를 지었고 그 후로 매죽루는 자규루라 부르게 되었다. 뿐만 아니라 율곡학파의 기호학통을 이은 송시열은 영월엄씨가 자랑스럽게 여기는 충신 엄흥도嚴興道의 아들을 벼슬길에 나가도록 주선해 주었다. 이렇듯 사임당 가문과 그 대표의 관향과는 떼려야 뗄 수 없는 관계였다.

사임당의 표준영정

우여곡절 끝에 선정된 사임당에게 다음으로 닥친 문제는 5만 원권 화폐에 들어갈 표준영정이었다. 우리나라 표준영정 제도는 1973년에 시작되었는데 역사를 빛낸 선현들의 모습을 그려 이들의 업적을 귀감으로 삼고자 국가 영정심의위원회를 거쳐 표준영정으로 지정하고 있다. 율곡과 사임당 영정은 1965년 김은호 화백이 그려 표준영정으로 지정하였다. 표준영정을 그대로 화폐 도안 인물로 써야 한다는 규정은 없다. 세종대왕, 퇴계 이황, 율곡 이이, 이순신 모두 표준영정이 있으나 화폐에는 그대로 쓰지 않았다. 네 분의 영정은 실물에 의한 사실적 표현이 아니라 작가의 영감에 따라 이상화시킨 것이기 때문이다.

2007년 5,000원 권 새 화폐 발행 때 도안 인물 율곡 이이는 서울

대학교 명예교수인 일랑一浪 이종 상李鍾祥 화백이 그렸다. 결국 5만 원 권 화폐 도안 인물 사임당을 그릴 사람으로도 이종상 화백이 선정되자 이 화백은 수차례 오죽 헌을 방문하여 몽룡실에 봉안되어 있는 사임당 영정을 꼼꼼하게 체크하면서 당시 스승 김은호 화백이 사임당 영정을 그릴 때의 이야기를 자세하게 들려주었다.

이종상, 〈신사임당(5만 원 권 화폐 초상 원화)〉

당시 김은호 화백은 병석에 있으면서 영정을 그렸는데 미처 복식과 두발에 대하여 고증을 거치지 못한 채 그리다 완성을 보지 못하고, 제자인 이종상 화백에게 마무리를 짓도록 했다고 한다. 사임당 표준영정은 19세기 복식과 두발을 한 채 그려져 1504년생인 사임당은 16세기 복식과 두발을 한 인물로 다시 그려야 했다. 한국은행 주관으로 단국대학교 석주선 복식박물관에서 전문가 회의를 거쳐 복식, 두발 전문가들이 여러 차례 수정을 거듭한 끝에 16세기 복식과 두발이 완성되었다. 이를 바탕으로 이종상 화백은 7개월 동안 심혈을 기울여 작업하면서 스승께서 표준영정을 그릴 때 아쉬움을 표시했던 눈동자와 입술을 다시 그려 완성했다고 한다. 일랑 화백은 우리 전통 초상화에서는 외양만큼이나 내면을 살리는 것을 생명으로 여겼다면서 인품과 예술성을 초상화에 넣는 것은 전적으로 화가의 몫이라 했다.

　뒤에 들은 얘기로는 10만 원 권 화폐가 발행되지 못한 이유 중 하나가 보조 소재 때문이었다고 한다. 즉 보조 소재로 김정호의 대동여지도를 넣기로 결정하고 화폐 인쇄 전 단계인 조판까지 완성했는데 아쉽게도 대동여지도에 독도가 없어 무산되었다는 것이다. 만약 19세기 복식과 두발을 한 사임당 표준영정을 그대로 화폐 도안 인물로 했더라면 5만 원 권 화폐도 발행되지 못했을 것이다. 우여곡절 끝에 2009년 6월 23일 마침내 우리나라 최초 여성 인물이, 그것도 최고액권 화폐에 등장하여 통용되기 시작하였다.

　6월 23일 새벽 이종상 화백께서 대전 조폐공사라 하면서 상기된 목소리로 "정 관장, 내 손으로 그린 5만 원 권 화폐를 처음 만져 보았는데, 그간 같이 고생한 정 관장과 제일 먼저 악수를 해야 합니다. 새벽길로 강릉으로 올라가겠습니다" 하셨다. 그러나 밤길 위험하고 또 피곤하실 텐데 쉬시고 다음에 손을 잡자고 끝내 사양하였다.

　이종상 화백은 37세 때 5,000원 권 화폐 도안 인물로 율곡 이이를 그린 지 34년 만에 5만 원 권 화폐에 어머니 사임당까지 그렸다. '화폐는 단순한 돈이 아니라 그 나라 문화의 척도'라 하면서 '최고액권 화폐인 만큼 가장 예술적이고 어느 나라 화폐에 견주어도 손색이 없어야 한다'고 하시던 일랑 선생이 기억에 생생하다. 당시 화폐 도안 인물을 그릴 화백 선정과 완성된 초상화가 심의위원회를 통과하기까지 애쓰던 한국은행 박운섭 선생도 잊을 수 없다.

아쉬움 남는 그림 선정

5만 원 권 화폐에는 사임당의 초상화와 아울러 보조 소재로 사임당의 〈묵포도〉와 가지 자수, 어몽룡의 〈묵매도〉가 들어갔다. 5만 원 권 화폐 보조 소재 선정을 주관했던 당시 이화여대 강우방 석좌교수가 하루는 매창의 〈월매도〉를 보고 싶다고 했다.

그래서 오죽헌시립박물관에 소장되어 있는 매창의 작품을 기대 섞인 마음으로 곱게 싸서 연구실로 갔다. 작품을 펼치자 강 선생은 여러 장의 사진을 다양한 각도에서 찍은 다음 그 어머니에 그 딸의 작품이라고 평가하기는 했으나, 아쉽게도 채택되지는 못하였다.

매창은 어몽룡보다 50여 년 앞서 〈월매도〉를 그렸다. 2,400만 여성의 위상을 위하여 여성 인물을 화폐에 넣었다면 어몽룡의 〈묵매도〉보다 오히려 여성 특유의 필치로 그려 낸 매창의 〈월매도〉가 선정되었으면 낫지 않았을까 하는 아쉬움이 남는다.

참고 문헌

《사임당 가족의 시. 서. 화》, 가톨릭관동대학 영동문화연구소, 2006.

《아름다운 여성 신사임당》, 오죽헌시립박물관, 2004.

송시열, 《송자대전》.

신석우, 〈묵매화첩발문〉.

안휘준, 〈한국절화파연구〉, 《미술자료》, 제20호, 1991.

어숙권, 《패관잡기》, 16세기 중엽 간행.

오세창, 〈사임당초충도발문〉.

윤종의, 〈사임당 초서 6폭 판본발문〉.

율곡 이이, 《율곡전서》, 목판본, 오죽헌시립박물관 소장, 1749.

이서, 〈가전서화첩 발문〉.

이성미, 〈조선시대 여류화가 연구〉, 《미술자료》, 제51호, 1993.

이시발, 《벽오유고》.

이완우, 〈석봉 한호의 초서〉, 《서예학》, 창간호, 한국서예학회, 2000.

이우, 《옥산집》, 1680.

이원복, 〈조선시대묵포도고〉, 《동아사의 비교연구》, 일조각, 1987.

이원복, 〈죽당 신유의 화경〉, 《미술자료》, 제68호, 2002.

이은상, 《사임당과 율곡》, 성문각, 1966.

이은상, 《사임당의 생애와 예술》, 성문각, 1997.

이정구, 《월사집》.

전형필, 《간송문화》, 제61호, 한국민족미술연구소, 2001.

전형필, 《간송문화》, 제67호, 한국민족미술연구소, 2007.

정항교, 《겨레의 어머니 겨레의 스승》, 이화출판사, 1999.

정항교, 《완역 증수임영지》, 강릉문화원, 1997.

정항교, 《율곡 선생의 금강산답사기》, 이화문화출판사, 2003.

정항교, 《율곡 선생의 시문학》, 이화문화출판사, 2014.

정홍명, 《기암잡록》.

조헌, 《중봉집》, 1748.

허균, 《성소부부고》.

생각정거장

생각정거장은 매경출판의 새로운 브랜드입니다.
세상의 수많은 생각들이 교차하는 공간이자 저자와 독자의 생각이
만나 신비로운 여행을 시작하는 곳입니다. 그 여정의 충실한
길잡이가 되어드리겠습니다.

내실[內室]에서 꿈을 찾은 예술가

사임당을 그리다

초판 1쇄 2016년 4월 1일

편저자 정항교
펴낸이 전호림 **제2편집장** 권병규 **담당PD** 이정은 **펴낸곳** 매경출판㈜
등 록 2003년 4월 24일(No. 2-3759)
주 소 우)04627 서울특별시 중구 퇴계로 190 (필동 1가 30-1) 매경미디어센터 9층
홈페이지 www.mkbook.co.kr
전 화 02)2000-2610(기획편집) 02)2000-2636(마케팅) 02)2000-2606(구입 문의)
팩 스 02)2000-2609 **이메일** publish@mk.co.kr
인쇄·제본 ㈜M-print 031)8071-0961

ISBN 979-11-5542-437-7(03910)
값 12,800원